湖北省公益学术著作出版专项资金资助项目

见证与思考
湖北非遗项目市场化活态传承

陈 静 ◎ 编著

华中科技大学出版社
http://press.hust.edu.cn
中国·武汉

内容简介

本书深入探索了湖北五个非遗代表性项目的市场化活态传承之路。书中通过对武汉面塑、汉绣、武汉杂技、楚式漆器及马口窑陶器非遗项目的实地调研及对传承人深度访谈，展示了这些传统技艺在现代社会中的创新与发展。书中不仅记录了非遗传承人的故事及其坚守，还提出了多条市场化活态传承的创新路径，旨在让非遗文化焕发生机，更好地融入现代生活。书中有丰富的案例与深刻的思考，希望能为非遗的保护与传承提供宝贵的经验和启示。

图书在版编目（CIP）数据

见证与思考：湖北非遗项目市场化活态传承 / 陈静编著 . -- 武汉：华中科技大学出版社, 2024. 12. -- ISBN 978-7-5772-1450-4

Ⅰ . G127.63

中国国家版本馆 CIP 数据核字第 2024KF3579 号

见证与思考：湖北非遗项目市场化活态传承 　　　　　　　　　　陈　静　编著
Jianzheng yu Sikao: Hubei Feiyi Xiangmu Shichanghua Huotai Chuancheng

策划编辑：	李　欢
执行编辑：	魏雨楠
责任编辑：	张　琳
封面设计：	廖亚萍
责任校对：	刘　竣
责任监印：	周治超
出版发行：	华中科技大学出版社（中国·武汉）　电话：（027）81321913
	武汉市东湖新技术开发区华工科技园　邮编：430223
录　　排：	华中科技大学惠友文印中心
印　　刷：	武汉科源印刷设计有限公司
开　　本：	710mm×1000mm　1/16
印　　张：	13.75
字　　数：	236 千字
版　　次：	2024 年 12 月第 1 版第 1 次印刷
定　　价：	88.00 元

本书若有印装质量问题，请向出版社营销中心调换
全国免费服务热线：400-6679-118　竭诚为您服务
版权所有　侵权必究

前言

2015年，因为筹备第二届长江非物质文化遗产大展，我来到湘西，开启了探寻非遗之旅，首次创下人生中盘山公路日行千里的壮举。令我震惊的是，一位省级非遗大师的屋子，家徒四壁，最值钱的竟是一台20世纪80年代的老式黑白电视机。其实不止湖南，湖北的许多非遗传承人同样面临着生活的艰辛。这次的湘西之行在我心里种下了一颗坚实的种子，那就是我要把传承人的故事讲给更多人听，尽我所能为他们做些什么，以此向他们对传统手艺的那份执着与坚守致敬。

今天的非物质文化遗产，是昨日的潮流和时尚。

它们曾经是那么鲜活生动，无论是传统手工技艺、戏剧音乐，还是特色活动与饮食，都深深融入当时人们的生活，与人们的悲喜共鸣。如今却随着生活方式的改变而不再"寻常可见"，甚至面临失传的危机。

近年来，国家对非物质文化遗产的保护与传承给予了高度重视，提出要加强对传统历法、节气、生肖文化和饮食、医药等领域的研究阐释与活态利用，旨在让这些有益的文化价值深度融入百姓生活，把中华优秀传统文化更好、更多地融入生产和生活的各个方面，实现其更广泛、更深入的传承与发展。

融入百姓生活，进入寻常人家，成为当下人们衣、食、住、行的生活方式，非物质文化遗产才可谓"活态传承"。在今天，活态传承是中国非物质文化遗产重要的传承特征。

作为一名从事非物质文化遗产运营近十年的非遗策展人、非遗经纪人，我有幸成为湖北非遗项目市场化传承与创新的见证者和思考者。非遗是历史的文化结晶，时代在前进，对待非遗，应该在坚持保护的同时通过产业化的调整将其更好地延续下去。"市场化"是非遗活态传承的一条可行、必然路径。

本书选取了湖北五个非遗代表性项目进行深入剖析，探讨如何推动非遗项目有效进入市场，成为具有高附加值和文化价值的流通商品，并与市场产生良好的互动，相互促进，成为推动社会文化发展的强大动力。

非遗并没有离场，我们需要通过市场化的手段让它再次焕发活力。

从2020年底决定正式撰写此书开始，我便一直思考如何通过读者喜闻乐见的方式将非遗基础知识用通俗易懂的语言表述，让大众理解；如何挖掘并讲述非遗传承人背后的故事，有趣的、辛酸的、实用的，以读者易于接受的方式进行传播；与长江流域几百位传承人打了数载交道的我，怎么才能为行业助一臂之力，甚至为传承人、为非遗项目带来切实的助益呢？在工作日之外的调研访谈中，以及无数个深夜从传承人工作室回家的寂静路上，我没有感到疲惫，只有那些印刻在脑海中的深刻画面：刘比建老师那风雨飘摇的工作室，刘洁老师举家从湖南迁到武汉的坚定眼神，刘双老师在访谈时的潸然泪下……我很幸运，读懂了他们的坚守与不易，也近距离感受到他们对中国传统文化的热爱，我想把这种感染我的力量传递给更多人。

初心是什么？即便如此不易，为何还要坚守？当代社会，人们需要在浮躁的社会中寻找到静心的力量，传统文化正是这样一股力量，它赋予人们宁静、执着和无限能量。在现代社会，人们在快节奏的生活中奔跑，忘记了欣赏身边的美景，这些传统的非物质文化遗产正是老祖宗留给我们的宝贵财富和艺术瑰宝。我们这一代，有时间可以去赏非遗、品非遗、感非遗、学非遗。不仅可以自己学，也可以让我们的孩子们去学。从这些艺术家的身上，我们能学到的不仅仅是技艺，更多的是他们守得住寂寞、耐得住苦寒、经得住考验的兰竹精神，在与传统文化的对话中静观人生！

"是书，却不止于书"这是我对这本书的定位。在非遗领域深耕多年，我希望通过我的讲述，能让更多的人以一种轻松愉快的心态认识并了解非遗；在传播非遗文化的同时，借助出版平台，为我们的非遗传承人及手工艺人找寻更多的市场机会；能为非遗爱好者带来一定的思想启迪；能为湖北非遗项目市场化活态传承贡献绵薄之力。

最后，在本书编写过程中感谢汉绣姜成国老师、任炜老师，武汉面塑高志和老师、刘洁老师，马口窑烧制技艺刘渝南老师、刘双老师，漆器刘比建老师、吴星老师，武汉杂技团原团长梅月洲及吴松涛老师、武颖老师、陈哲老师的大力支持，他们不仅接受了我的访谈还提供了大量珍贵的照片及视频资料；感谢我在国家艺术基金资助项目西部传统手工艺创新品牌经营管理人才培养培训班四川美术学院学习时的老师刘玉城教授、《中华手工》杂志社孙凝异副主编、柿子醋传承人张照杭、荣昌陶传承人宋巍、绵竹年画传承人李德敬，大家在收到消息后第一时间发给我很多珍贵的非遗资料，但因篇幅限制，只有部分录用；特别感谢谭木匠、三峡绣、"大卫爸爸"、荥经砂器、京扇子手工艺术品牌企业提供图片及案例支持；还有华中科技大学出版社旅游分社李欢社长及各位编辑，感谢大家为此书提供的帮助和支持。

由于能力所限及时间仓促，书中难免有所疏漏，欢迎读者批评指正。本书适用于广大非遗爱好者、传承人、文化工作者、研究人员及对传统文化感兴趣的读者。愿我们在共同努力下，为湖北非遗文化乃至中国传统文化的传承贡献力量！愿我们每个人在如匠人般坚守初心的同时，也学会静观人生！

陈　静
2024 年

目录

我与非遗的故事 / 1

  一、我与面塑的军运会情缘 / 3

  二、我与楚式漆器《九头鸟新说》的情缘 / 7

武汉面塑篇 / 9

  一、非遗档案 / 11

  二、见证 / 14

  三、点评 / 22

  四、思考：武汉面塑市场化活态传承的创新路径 / 26

汉绣篇 / 33

  一、非遗档案 / 35

  二、见证 / 38

  三、点评 / 52

  四、思考：汉绣市场化活态传承的创新路径 / 56

武汉杂技篇 / 61

  一、非遗档案 / 63

  二、见证 / 68

三、点评 / 85
　　四、思考：武汉杂技市场活态化传承创新路径 / 95

楚式漆器篇 / 101
　　一、非遗档案 / 103
　　二、见证 / 107
　　三、点评 / 128
　　四、思考：楚式漆器市场化活态传承的创新路径 / 133

马口窑陶器篇 / 141
　　一、非遗档案 / 143
　　二、见证 / 148
　　三、点评 / 159
　　四、思考：马口窑的市场活态化传承创新路径 / 167

"非"入寻常百姓家 / 175
　　一、八个非遗项目市场化案例的启发 / 177
　　二、非遗与产业携手的四维思考 / 200

参考文献 / 206

后记 / 208

我与非遗的故事

一、我与面塑的军运会情缘

1. 1000 个军运会吉祥物"兵兵"试制任务

我从没想过自己能做出玩偶,更没想过在短短二十几天内,我和我的团队成员仅凭一张平面图纸完成了 1000 个立体吉祥物"兵兵"玩偶的试制任务。

时光回溯到 2018 年底,第七届世界军运会中外记者新闻发布会在北京召开,会上急需 1000 个军运会吉祥物"兵兵"玩偶。北京领导的签批令直达武汉市人民政府,作为一个有担当的文化型国有企业,我们企业承担了这一制作任务。由于时间有限,团队成员们面临着巨大的压力,任何微小的失误都会影响武汉乃至国家的国际形象。如何在最短的时间内高质量地顺利完成这 1000 个军运会吉祥物"兵兵"玩偶的试制任务,成为我们当时面临的重大挑战。

2. 武汉非遗人北京学习期间临危受命

中央文化管理干部学院(现中央文化和旅游管理干部学院)是文化部(现文化和旅游部)的指定培训授课单位,非遗策展高级班培训是国家为鼓励和推动各地非遗事业发展而开展的非遗策展培训班,这次的北京学习我一直都很期待。七天的学习时间不算太长,但对于像我这样日常工作繁忙的人来说,却是非常宝贵的。北京的冬夜异常寒冷,"铃铃铃……"一阵急促的电话铃声将我从梦中惊醒,感冒低热带来的不适令我的大脑还处于混沌之中,迷糊中听到电话那头领导的声音。按照指示,我打开手机上的文件,看到任务时瞬间倒吸一口冷气,我意识到任务的紧迫性和重要性,"嗯嗯"地答应着,尽管大脑一片空白,但我知道这个任务必须接下,没有商量余地。

3. 做成一个"兵兵"玩偶需要哪几个步骤

我在中央文化管理干部学院图书馆和宿舍间的林间小道上走着,不经意间发现几簇浮游绿植竟破冰而出。冬日的北京异常寒冷,院内的小池水已结冰,但阳光照耀在这些绿植上,格外耀眼。这景象让我意识到,任何时候只要有坚韧的意志和执着的信念,终究会有意想不到的收获,正如这破冰而出的绿植一般。

我一宿没睡，一直在思考如何保质保量地完成任务。在打了多通电话，咨询了多位设计、动画制作等领域的专业人士，并通过电话会议与团队成员深入讨论后，最终定下了三套方案。

关于制作"兵兵"玩偶的核心步骤，我们总结如下：

（1）专业人员3D设计；

（2）打样3D模型；

（3）模型由相关领导确认制作；

（4）玩偶工厂批量制作，按期交货。

当时我们面临的几大难题：第一，时间紧迫，必须在规定的时间交货，每天需要"抢时间"；第二，武汉是内陆地区，相较于广州等制造产业链上游区域，没有足够的供应商资源选择，同等情况下，完成任务需要更多的时间和沟通成本；第三，武汉本地能出3D模型的机构不多，而且实物模型只有相关领导签字确认后我们才能批量制作。

针对这些难题，我们制定了一套主方案和两套备选方案，然而，所有方案的关键问题还是时间太紧急。

接到任务后，我立即赶回武汉，找了本地一家玩偶制作企业，由于时间紧急，这家企业无法完成，方案二被直接否决了；我继续联系设计院校及相关机构出3D设计，奈何出实物模型时间也不够，方案三也放弃了。至于方案一，即直接去广州、深圳厂家建模出样，虽然理论上可行，但发现来来回回沟通成本太高，且时间上也无法满足要求。

4. 武汉面塑建模的突发奇想

白发三千丈，缘愁似个长，不知明镜里，何处得秋霜。

我满脑子想的都是如何在最短的时间内结合现有的条件，将模型制作出来。公司负责3D设计的团队成员已经加班了好几个通宵了，但做出的模型我仍然不太满意，后面建模又将是一个耗时工程。正当我的大脑在飞速运转之时，我不经意间抬起头，透过偌大的落地玻璃窗，一缕阳光射向办公室的书架，一本《中国面塑》映入眼帘。对呀！为什么不考虑用面塑来塑造吉祥物"兵兵"的形象呢？这种建模方式不仅速度快，而且能很方便地将结果呈现出来。我马上想到了武汉面塑传承人刘洁老师，我对他的手艺也非常有信心。不容多想，我立即给刘洁老师打了电话，却得知他即刻要去外地参加湖北省文旅厅组织的下乡活动。我当机立断，向他提出了两个问题：一是面塑"兵兵"最快需要多长时间可以完成？二是对高质量完成这一任务有多大把握？刘洁老师坚定地回答，他会全力以赴，但至少需要一天半的时间。不容多想，我立刻与有关部门沟通，协商刘洁老师的下乡活动事宜，终于商定刘洁老师可以晚一天参加。整个过程都在与时间赛跑。

5. 世界首个立体面塑"兵兵"问世

经过一天一夜的悉心创作，军运会面塑吉祥物"兵兵"模型终于完成，这标志着我们在筹备之路上迈出了至关重要的一步。随后，面塑吉祥物"兵兵"模型被小心翼翼地呈送到相关领导面前，并获得了领导的认可。获得肯定的答复后，我的团队成员立即行动起来，连夜乘机飞往广东，全程如守护国宝大熊猫一般，精心保护着面塑吉祥物"兵兵"模型。

第七届世界军运会吉祥物武汉面塑"兵兵"模型

飞机安全抵达广东后,我的团队成员没有丝毫耽搁,立即乘车赶往工厂,不敢有丝毫疏忽。在工厂里,工作人员全程盯着"兵兵"玩偶打样,终于样品玩偶试制成功!来不及飞回武汉,团队成员直接从广东前往北京与我会合。

与此同时,我在武汉焦急地守候着前往北京的火车。不料,一场突如其来的暴雪覆盖了沿途的高山和树木,一片白雪皑皑的景象。受此影响,列车不得不减速慢行,如蜗牛一般,在雪地上缓缓前行。原本预计4小时即可抵达北京的路程,如今却可能要延长至8小时。我内心焦急万分,深知留给工厂的制作时间愈发紧迫,每一分每一秒都至关重要。

6. 见领导时的忐忑不安

经过近9个小时的漫长旅程,火车终于在深夜时分抵达北京。我急切地在酒店与从广东赶来的团队成员会合。当我接过样品玩偶的那一刻,内心的激动难以言表。这一周以来,我们经历了无数挑战与艰辛,我发现自己竟多了些许白发,团队成员也都眼眶泛红,疲惫不堪。尽管如此,我们终于提交了第一份成果,至于结果如何,还需等待第二天的反馈才知晓。

在历经多日的大雪后,北京终于迎来了一个明媚的清晨。武汉军运会执行委员会市场开发部副部长及我们一行四人一同前往北京有关部门,心中充满了忐忑与期待。北京的同志接待了我们,在大概了解了情况后,径直带我们来到领导办公室,推开大门,一排年轻帅气的部队军官端坐着,气氛庄重而严肃。一位年纪稍长的首长仔细看过样品玩偶后和蔼地说:"这就是我们的军运会吉祥物'兵兵'啊,我没有意见。"听到这句话,我们心里的石头终于落地,以武汉面塑为模型的吉祥物样品玩偶顺利通过审验。走出部队的大院,我感觉阳光格外明媚……

7. 顺利通过验收后的紧急批量制作

在吉祥物"兵兵"样品玩偶顺利通过审验后,我的团队成员第一时间从北京飞往广东,仍旧像守护国宝一般保护着样品玩偶,唯恐出现任何闪失或意外。工厂也已提前对接,万事俱备,只等开工。一周后,1000个"兵兵"玩偶从广东紧急发往北京。与此同时,在武汉做好的包装也同时送达北京。我的团队成员再次踏上去北京的征程,完成最后的验收与组装工作。至此,交给第七届世界军人运动会执行委员会中外记者新闻发布会的首批试制吉祥物"兵兵"的所有制作流程圆满完成,成功收官。

二、我与楚式漆器《九头鸟新说》的情缘

我是一个非遗展览的爱好者。2018年,我前往北京出差,一次偶然的机会,有幸参观了中国当代工艺美术双年展。作为一名湖北人,我习惯性地重点观看了湖北展区的参展作品。其中,湖北楚式漆器的精彩亮相尤为引人注目,刘比建大师的楚式漆器作品《九头鸟新说》是其中的佼佼者,其气势磅礴、古朴典雅,宛如一位慷慨激昂的勇士,用豪迈的姿态演绎着传奇,令我久久不能忘怀。鉴于我对楚式漆器的热爱及十多年来的不懈钻研,我当时便暗下决心,以后若有机会举办展览,一定要让更多的人看到湖北的非物质文化遗产精品。

2019年,第七届世界军人运动会在武汉举行。我有幸作为此次军运村长江非遗展的总策划人执行策展,将极具湖北地方特色的非物质文化遗产——楚式漆器,展现给世界人民,这是我的第一念头。回想起中国国家博物馆展示的楚式漆器精品,我登门拜访刘比建大师,商量借展品事宜。虽然因为一些特殊原因,最终未能展示刘比建大师的作品,但关于漆器的故事我一直想分享给更多的人。

武汉面塑篇

一、非遗档案

（一）历史渊源

武汉面塑，作为湖北省武汉市非物质文化遗产代表性项目，是一种采用面粉和糯米粉为主要原料的传统捏塑艺术。武汉面塑题材多样、造型写实、色彩丰富、制作精细，多作赏玩之用。武汉面塑在传统造型基础上，融入古典雕塑理念，创新原材料运用，突破传统面塑作品体量，突出具象性和写实性，强调造型的逼真性，注重色彩的丰富性，尤其重视细节的处理。

武汉面塑传承历史悠久，被誉为民俗文化的"活化石"，在给人带来良好视觉体验的同时，还因作品立意深刻、寓意美好而具有一定的文化价值、美育功能和教化作用。

目前，武汉面塑已成为荆楚传统艺术的一张重要名片，多名传承人赴数十个国家和地区展演交流，多件作品作为国礼被他国政要和大使馆收藏。越来越多的人从武汉面塑中了解灿烂的荆楚文化，感受武汉深厚的城市底蕴。

（二）技艺特点

1. 原材料的选择与预处理

在制作面塑之前，首先需要充分混合面粉并将其蒸熟。随后，将蒸熟的面团静置三至四个小时，以确保所有成分能充分融合。完成初步融合后，面团需再次进行蒸熟处理。值得注意的是，整个面塑制作过程中，还需经历一年多的时间进行反复的酿制和发酵，这是面塑制作的基本工序。此外，面团中还会加入由大师精心秘制的防腐和防裂材料。随着晾干过程，面团的水分会逐渐减少。晾干后的面团需重新包裹并进行二次发酵，这一步骤旨在防止发霉或开裂，同时提升面团的稳定性和可塑性，为接下来的面塑创作奠定坚实的基础。

2. 金属骨架的制作

过去制作面塑时使用竹签制作骨架，如今大多使用金属制作骨架。先做成一个人形（四肢完整）金属骨架，再用面团和报纸填充，将面团附在上面。因为金属骨架能随意弯折，就算是在最后即将完成的阶段，面塑制作者也可以调整面塑的造型姿势。依据面塑的复杂程度，完成制作的时间在几天到几个月不等。

3. 天然矿物颜料上色

在制作过程中，我们巧妙地将各种颜料融入面团，使面团从内到外呈现出鲜艳的色彩，而非仅仅在表面进行简单的绘制。这些珍贵的颜料历经百年依然保持着鲜艳的色泽，能使面塑看起来更真实且不褪色。面团与颜料的配比，并无固定之规，往往根据每件作品的具体需求进行灵活调整。若追求更为明亮鲜艳的色彩效果，可适当增加颜料的用量，以确保最终的作品能够呈现出最佳的视觉效果。

4. 面塑作品好坏关键看面部

面塑的艺术特点表现在其制作步骤上，即"一印、二捏、三镶、四滚"。在面塑制作的揉捏阶段，制作者会使用细竹刀、小梳子和剪刀等工具。他们通常从面塑的头部和面部开始制作，这一过程需要耗费20分钟到几个小时的时间，因为头部和面部是面塑人物表情展现最为复杂和精细的部分，也是决定整个人物形象特征的关键。对于普通观众而言，在欣赏面塑作品时，主要关注的就是面部表现。面塑作品面部的精细程度往往成为衡量其优劣的重要标准。尤其是眼睛部分，观众会忍不住盯着观赏，每次观赏都会发现新的小细节，不禁为面塑制作者在眼部细节处理上的高超技艺而赞叹，因为这背后不仅展现了面塑制作者卓越的塑造能力，还体现了他们超乎寻常的耐心和超强的专注力。

面塑面部制作

（三）艺术价值

武汉面塑是一种极具艺术价值的传统民间艺术形式，不仅彰显了武汉地区独特的文化魅力，还深刻体现了中国传统文化的深厚底蕴。面塑艺术家们凭借精湛的技艺，将普通的面粉和糯米粉巧妙转化为形态各异的精美工艺品，充分展现了丰富的艺术内涵与价值。

1. 生动的艺术风格造型

武汉面塑作品题材广泛，造型生动且丰富，表情夸张且细腻，工艺细致且精美。艺术家们采用精湛的手法，将各种人物、动物、植物等形象刻画得惟妙惟肖。无论是历史人物、神话传说，还是现实生活场景，都能通过面塑艺术得以生动展现。武汉面塑作品细腻的面部表情，生动的姿态动作，展现了面塑艺术家们高超的技艺和对细节的极致追求。

2. 天然的色彩视觉传达

面塑艺术家们巧妙地融合了各种天然颜料，赋予面塑作品以鲜艳且和谐的色彩。这些色彩的运用不仅提升了作品的视觉吸引力，还传递了丰富的情感和象征意义。例如，红色象征着喜庆与吉祥，绿色代表着生机与希望，而蓝色则引发宁静与深远的联想。通过色彩的精妙搭配与和谐统一，这些作品不仅栩栩如生、充满表现力，还展现了中国传统绘画的风格，保留了民间艺术的质朴韵味。

3. 古老的技艺传承典范

面塑艺术在两千多年前的汉代就有文字记载。武汉面塑作为这一古老技艺的重要分支，承载着丰富的历史文化内涵，是中华文明绵延不绝的生动例证。

在传承过程中，武汉面塑不断吸收南北技艺之长，形成了独具特色的工艺风格。这种技艺的传承不仅是对传统文化的尊重，更是对民族精神的弘扬。

4. 深厚的文化价值传承

作为一种非物质文化遗产，武汉面塑不仅是一种具有高度观赏性的艺术形式，更是承载着深厚文化内涵和历史传统的宝贵文化遗产。它往往通过寓意丰富的题材和造型，传达出人们对美好生活的向往和追求。面塑艺术家们在继承传统技艺的同时，不断创新，巧妙融入现代元素，为这一古老的艺术形式注入新的活力。通过各种国内外展览和交流活动，武汉面塑得以广泛传播，吸引越来越多的人了解和欣赏这一独特的艺术形式。

二、见证

（一）"80后"传承人刘洁：新生代面塑的活态传承与创新

一次偶然机会，武汉面塑大师刘洁得知他的一位朋友在日本大阪一家大型官方书店里偶然看到《中国2014》（日文版）一书，其中收录了刘洁的作品。该书已被译为世界几十种语言，由外文出版社出版，向全世界发行。这是湖北非物质文化遗产的荣耀，也是"80后"一代非遗传承人的骄傲。自此以后，刘洁也在到世界各地学习交流之际首先找当地官方书店搜集《中国2014》的不同语言版本。如今，在刘洁的书架上，摆放着他搜集到的全世界10种语言版本的《中国2014》，他将这些书籍置于最显眼的位置，作为激励自己不断前行的动力。这本书也助力他评为"湖北省工艺美术大师"。要知道，对于一位"80后"来说，获得这一殊荣无疑是对他在武汉面塑这一专业领域成就的极高认可，而武汉面塑大师刘洁入选《中国2014》，更是全国对武汉面塑艺术的广泛肯定。

武汉面塑最早源于传统饮食。通过发面，制作者再使用剪刀、菜刀、梳子等工具，按照式样进行捏制，最终塑造出一个个栩栩如生的面塑作品。面塑常被用作装饰，例如在呈现《三顾茅庐》《草船借箭》《桃园三结义》等三国故事场景时，面塑人物摆台就展示了面塑的艺术魅力。随着时代的发展，武汉面塑的实用性逐渐向艺术性演变，以"80后"面塑大师刘洁为代表的非遗传承人正赋予武汉面塑新的意义和价值。他的作品已超越了传统面塑的范畴，获得收藏家及爱好者的青睐。

刘洁于2000年开始接触面塑，从酒店美工师到企业文化总监，再到"壹粟坊"武汉面塑艺术传习中心创始人。在这段历程中，刘洁对武汉面塑怀有持续不断的热情与追求，始终致力于技艺的传承与创新，十年磨一剑，砥砺前行。刘洁的面塑代表作品包括《关公》《昭君出塞》《四大天王·风调雨顺》《门神》《水浒108将》等，每一件作品都彰显了他深厚的艺术造诣与不懈的探索精神。

武汉面塑大师刘洁工作照

刘洁对武汉面塑工艺的革新主要体现在保存工艺、题材、技法、色彩四个方面。

第一，保存工艺取得显著进步。历史上，众多面塑大师的作品因保存不善而损毁，传统的纯古法保存方式难以抵御虫蚀、温度变化等因素的破坏，如著名面塑大师"面人汤"的作品便大多未能幸免，而刘洁通过改进保存工艺，有效延长了面塑作品的寿命。

第二，题材富于变化。如今，武汉面塑题材由传统民俗题材转向更满足现代人审美需要的题材，已不限于四大名著及神像等题材。总的来讲，更加注重满足个性化需求，并且随着市场需求的变动而持续地进行调整与创新。

第三，技法更开放。除了传统面塑技术手法，在某些大型面塑作品制作中甚至结合雕塑的创作手法，同时加入金属骨架来保证作品的稳定性和艺术性。在传统技法中，通常使用一根木签来支撑面塑人物，这些传统的签举式手法和托板式技法，正逐步向更加多元化的方向发展，包括采用各种个性化定制材料、艺术材料乃至天然材料作为作品的底托，以适应不断变化的艺术需求和审美趋势。

第四，色彩更饱满。相较于传统武汉面塑较为单调的色彩，刘洁的面塑作品在色彩运用上显得浑厚饱满，为满足现代人的审美需求，他采用复合色的调色体系，这一创新使得其作品的颜色搭配更为精致考究，色系层次丰富且和谐统一，极大地提升了面塑作品的艺术魅力。

面塑作品《财神》

（以下根据刘洁口述整理）

在一些旅游景点处，栩栩如生的面塑玩偶总能吸引游客围观，不少游客购买这些面塑玩偶作为伴手礼。如果面塑制作者有想法、有梦想，面塑可以不只是作为寻常伴手礼，它可以"出圈"，登上更加广阔的舞台，晋升为艺术品，甚至有可能成为代表国家形象的国礼。

1. 面塑作品《拿破仑·波拿巴》被巴黎市政府收藏

2014年6月，中法建交50周年，我随武汉市领导在法国巴黎中国文化中心参加"武汉之窗"传统艺术展，武汉面塑作品《拿破仑·波拿巴》第一次亮相法国巴黎。面塑作品《拿破仑·波拿巴》是对名画《跨越阿尔卑斯山圣伯纳隘道的拿破仑》的精心还原,也是一次法国文化与中国元素融合创新的尝试,见证了中法两国之间的深厚友谊。当时法国华人议员陈文雄先生对这一面塑作品表现出了浓厚的兴趣,希望能将此作品留在法国。领导在展览间隙特意与我沟通此事,由于当时该作品已报海关,我们无法将《拿破仑·波拿巴》作品留在法国。不过,我随身携带的另一件面塑作品《忠义关公》被巴黎中国文化中心收藏。

面塑作品《忠义关公》

2014年9月，我再次受邀随武汉市文化局参加巴黎13区政府举办的法国武汉文化展。受巴黎市议政厅议员邀请，在节日大厅举办面塑展出及文化讲座，面塑作品《拿破仑·波拿巴》被巴黎市政府收藏。

面塑作品《拿破仑·波拿巴》

2. 巨型面塑作品《关公》惊艳军运会

面塑作品《关公》近乎真人大小，高约2.35米，总重量达200千克，其

刘洁与面塑作品《关公》

制作过程中使用了大约150千克的面团材料。这一作品是湖北省乃至长江流域迄今为止最大的面塑"关公"形象。我带领团队7名学生，耗时数月才完成这一面塑作品。面塑作品《关公》的问世，不仅标志着面塑艺术的新高度，为这一传统艺术形式开启了新的篇章，同时也给面塑行业的从业者带来了新的挑战与机遇。在制作过程中，我们进行了大胆的尝试与创新，将雕塑手法融入面塑创作，采用螺纹钢材作为骨架，钢材使用量超过50千克，骨架搭建耗时半个月之久。随后，我们将150多千克的面粉与天然树胶、甘油、防腐材料等多种材料按其特性逐一混合，并用布条、气泡垫、胶带等填充，以确保作品的稳固与逼真。

当这个重达200千克的面塑作品《关公》需要外出展览时，移动是个很大的难题，从工作室搬到外面至少需要8个强壮的人才能合力抬出，而且2.35米高度超过普通门的高度。为了解决这一难题，我们将原来的门拆除，改装成定制高度的门，便于后期能够更轻松地移动和展示类似的大型面塑作品。

（二）"60后"传承人高志和：传薪三十载的初心坚守

谈及武汉面塑，省级非物质文化遗产传承人高志和是不得不提的重要人物。数年前，在一次非遗展览上，笔者初次见到高志和。他有一头微卷的黑发、一双炯炯有神的眼睛，正在专注地工作着。高志和已在面塑行业坚守了三十余年，作为一位备受尊敬的老艺人，他精通并致力于传承传统的武汉面塑技艺，在武汉面塑界享有极高的声誉和地位。他的工作室里有许多栩栩如生的武汉街头人物面塑作品，这些都是他的代表作。高志和平时的生活简单且充实，大部分时间都是在工作室独自创作，有时候会去武汉著名的历史文化老街吉庆街展演，或是参加政府组织的公益活动或其他商业活动，为传承非物质文化遗产贡献自己的力量。在他的身上，非物质文化遗产的传承和坚守得到了最生动的体现。

武汉面塑大师高志和

(三)散落民间的面塑艺人:城市旅游点的靓丽风景线

在武汉的街头,可以看到来自五湖四海的面塑艺人,他们为这座城市增添了一份独有的魅力。在一些热闹的地方,游客花费几十元至几百元,就可以买到精美的面塑工艺品,等待几十分钟就可以拿到一个现场捏制的漫画风格或写实风格的面塑雕像。这些面塑艺人可能是某位面塑大师的徒弟,也可能是自学成才的手艺人,每一位都值得我们尊敬与钦佩。随着生活水平的不断提高,人们对精神文化产品有更多的需求。普通面塑艺人可通过面塑手艺赚取基本生活费,在节假日,面塑产品的销量大增,为他们带来了不错的收入。有些面塑艺人甚至开启"全家总动员"的模式,培养自己妻儿成为副手。足够的物质生活支撑是面塑艺人可以专心创作的重要基础,也是这项传统手工技艺得以延续和发展的重要保证。这些面塑艺人已成为武汉一些旅游景区的靓丽风景线。

三、点评

(一) 武汉面塑技艺活态传承与创新

武汉面塑大师刘洁的作品以其精湛的技艺和独特的艺术风格赢得了广泛赞誉。他的作品既有传统风格,又融入了现代元素,在工艺特点、艺术创作等方面进行了大胆的尝试与创新,充分展现了面塑艺术的无穷魅力。其中,他的人物作品最具特色,栩栩如生,充满了生命力。面塑作品不仅仅是艺术品,更是文化的承载物,它们承载着中国传统艺术的精髓,让更多人了解并爱上这一艺术形式,推动了这门传统非遗技艺的活态传承。刘洁聚焦艺术形式的革新,善于运用儒学、道家和佛教题材,以及中国戏剧元素来塑造作品。

目前市场上刘洁最受欢迎的作品是《四大天王·风调雨顺》,其中塑造的"四大天王",是佛教中的护法天神,在《西游记》中也出现过。他们镇守天庭的四扇门,南方增长天王手握宝剑,东方持国天王手持琵琶,北方多闻天王手持宝伞,西方广目天王手持赤龙,寓意风调雨顺。

面塑作品《四大天王·风调雨顺》

刘洁大部分作品中的人物来自中国神话与历史故事，在创作构思时也会兼顾目标客户需求。例如，面塑作品《关公》中的原型是三国时期的名将关羽，作为广为人知的中国历史人物，他的传奇故事被书写在《三国演义》之中。再如，许多客人偏爱拥有独特形象的捉鬼天师钟馗，他们认为钟馗能够镇宅辟邪，因此，刘洁在作品中将其刻画为炯炯有神的双眼、鹰钩鼻、大耳朵、浓密胡须，以及身披红袍、手持长剑的形象。

刘洁也制作一些稍微简单的面塑人物作品，如《对弈》《琴台遇知音》等。为满足客户的特殊需求，或是满足自己对于艺术的探索，刘洁还尝试创作一些西方面塑人物作品，如工作室摆放的那尊栩栩如生的面塑作品《拿破仑》。

面塑作品《琴台遇知音》

（二）国际文化交流弘扬中国传统文化

随着全球化的快速发展，国际文化交流日益频繁，人类非物质文化遗产的保护和传承也成了国际社会关注的焦点。法国的两次特邀出访展览，以及巴黎十三区文化展上面塑作品《拿破仑·波拿巴》大放异彩，都向世界展示了武汉面塑的精湛技艺和丰富内涵。

在2019年第七届世界军人运动会武汉军运村的长江非遗展览区，武汉面塑以其独特的制作工艺和丰富的题材，吸引了众多国内外观众的目光，甚至有观众好奇地询问巨型面塑作品《关公》是否可以食用等。这一方面说明武汉面塑有较大的影响力和市场；另一方面说明武汉面塑市场化的第一步是加强武汉面塑文化的传播推广，尤其是一些基础知识的普及，以便让更多人了解和认识这项非遗技艺。

在国外交流中，通过现场制作展示，观众可以感受到以刘洁为代表的武汉面塑艺术家精湛的技艺和对传统文化的热爱，了解武汉面塑背后的历史和文化。武汉面塑不仅仅是艺术品，更是中华文化的传承。通过国际交流活动，武汉面塑的国际知名度大大提高，中华文化得到弘扬。未来，我们希望更多民间力量参与，推动国际非物质文化遗产展览和交流活动不断发展，努力提高武汉面塑的国际影响力。通过我们的共同努力，让武汉面塑这一传统民间艺术在国际舞台上绽放出更加耀眼的光芒。

（三）武汉面塑活态传承市场发展现状

据不完全统计，湖北现有的面塑家有上百位。除了武汉面塑，省级非遗项目潜江面塑也占有一席之地。许多从事面塑这一行业的人都是刘洁的学生。相比陶器市场，面塑市场更小众。在这个"小圈子"外，还有一群艺人，他们主要制作现场定制的人物面塑，在繁华街区或景点，他们根据游客需求，现场为其定制卡通风格或写实风格的面塑。这类面塑产品不仅制作较快，而且价格也不高。

目前武汉面塑活态传承市场的发展现状呈金字塔结构，具体如下。

第一类：以刘洁为代表的武汉面塑收藏品。这类面塑以高端、小众市场为主。刘洁工作室目前的订单已排到两年之后。通过技艺的创新发展，如今的武汉面塑作品比传统面塑更牢固、更易保存，便于收藏。

第二类：大众化面塑产品。这类面塑产品集中在旅游景区，通常以门店或者个体移动商贩的形式进行制作和销售，同时兼具传授技艺的功能，形成了一种独特的体验式经济模式。

第三类：用于培训的面塑产品。这类面塑产品主要用于培训，培训主要集中在学校，以讲座形式进行，或者在各区非遗中心、群众文化馆及社区等为广大群众进行普及性教育。

第四类：用于参加各种活动的面塑产品。这类面塑产品主要用于民俗文化街区的常驻表演、商场等机构开业活动，甚至是传统的走街串巷等活动。

目前，武汉面塑的生产以家庭作坊为主，规模化生产较少，产业发展相对较为缓慢；品牌建设相对滞后，大部分人对武汉面塑的认知度不高，需要进一步加强品牌建设和宣传；在传承传统工艺的基础上，需要不断创新，开发新的产品和市场，以适应市场的变化，满足消费者的需求。此外，随着非物质文化遗产保护政策的实施，政府对于非物质文化遗产的保护和支持力度在加大，有利于武汉面塑的活态传承和发展。总体而言，武汉面塑的活态传承市场发展还处于初级阶段，需要进一步加强品牌建设、创新发展和政策支持，以适应市场的需求和发展。

（四）纳入非物质文化遗产教育体系传承之路

武汉面塑以人物、鸟虫鱼等动物及花等自然景观为主，色彩丰富且造型优美。依据现代人的消费特征及审美需求，武汉面塑比较容易融入大众生活。传承的核心在于人，无论是以高志和为代表的传统武汉面塑艺术家，还是以刘洁为代表的新生代面塑大师，都积极带徒并参与中小学及社区的非遗培训。

未来，期待政府能出台相关政策，将武汉面塑正式纳入非物质文化遗产教育体系，加大对面塑教育的扶持力度，鼓励学校、社会团体等开展更全面、更系统化的面塑教育。学校可以将面塑教育纳入课程体系，开设面塑选修课或实践课程，让学生更好地了解面塑的历史、制作工艺和技巧。同时，还可以将面塑与其他学科（如语文、美术、音乐等）相结合，提高学生的综合素质。同时，加强对面塑教师的培训，提高教师的教学水平和实践能力，邀请面塑艺术家担任兼职教师或者组织教师参加面塑培训课程。定期举办面塑比赛、展览等活动，让学生在实践中提高面塑技艺，同时也能激发学生对面塑艺术的兴趣。鼓励社会各界（如企业、社会团体等）参与面塑教育或资助学校开展面塑教育，或者与学校合作开展面塑实践活动。加强对面塑传承人的培养，让他们在教育体系中发挥作用，将面塑艺术传承下去。在高校建立培养机制，设立专门的非遗传承人培训课程，提高传承人的技艺和教学能力，同时注重培养小小非遗传承人，为面塑艺术的未来发展注入新鲜血液。

（五）武汉面塑文旅融合市场培育与导入

纵观全国面塑产业发展较好的地区，将面塑融入旅游领域是其活态传承重要途径之一。武汉面塑目前可见于吉庆街、汉街等市内景点。未来武汉面塑文旅融合市场培育可从以下几方面着手。其一，文化旅游产品的开发。将武汉面塑作为一种独特的文化旅游产品，吸引游客前来体验和欣赏。例如开发一些面塑主题的旅游线路，将面塑制作、展览、表演等活动融入其中，让游客在游玩的同时，感受武汉面塑的魅力。其二，文化创意产品开发。将武汉面塑与现代设计相结合，开发一系列具有地方特色的文化创意产品，如面塑工艺品、面塑日用品等。这些产品不仅可以满足人们的日常需求，也可以提升武汉面塑的知名度和影响力。其三，面塑教育培训。开设面塑教育培训课程，培训一批专业的面塑人才，为武汉面塑产业的发展提供人才支持。同时，吸引更多人学习和体验面塑艺术。其四，面塑文化的传播。利用各媒体和平台，如电视、网络、社交媒体等，宣传和推广武汉面塑文化，提高武汉面塑的知名度和影响力。其五，政策支持。政府可以制定一系列政策措施，支持武汉面塑文旅市场的发展，如资金支持政策、税收优惠、产业扶持等。

四、思考：武汉面塑市场化活态传承的创新路径

经典案例分享

俄罗斯套娃——与时俱进差异化创新与地域品牌孵化

俄罗斯套娃以其精细的做工和栩栩如生的形象著称，即便是内部最小的娃娃，其大小虽仅如指甲盖，但依旧能保持清晰的眉目和细腻的线条。关于俄罗斯套娃的起源，还流传着一个动人的故事：俄罗斯有两家相邻的表亲，表兄和表妹自幼一同长大，情谊深厚，后来表兄离开家乡，怀着对

表妹深深的思念之情，他每年都会照着表妹的模样雕刻一个木娃娃，并且木娃娃一年比一年做得大。数年后，表兄归乡，他将亲手做的一排木娃娃送给了表妹，这种形式也被后人模仿，寓意思念与祝福。

俄罗斯套娃在俄罗斯随处可见，甚至作为俄罗斯的"使者"漂洋过海，传播到世界各地，是俄罗斯民间工艺美术品的代表，蕴含着深厚的传统文化精髓。俄罗斯套娃之所以能逐渐发展为一个备受瞩目的地域品牌，并不断进行差异化创新，主要得益于其作为俄罗斯民族文化象征的地位。

首先，俄罗斯套娃紧随时代审美观念，在绘制中融入大量的现代元素，题材不拘泥于俄罗斯本土人物，比如将好莱坞明星、中国的京剧脸谱作为套娃的题材，将手工艺品作为推广俄罗斯文化的独特载体。同时，俄罗斯民间故事（如《青蛙公主》《渔夫和金鱼的故事》等）中的角色也成了套娃表现的对象。

其次，遗产保护、品牌推广与产业开发三管齐下，相得益彰。一百多年前，俄罗斯套娃在法国巴黎举办的博览会上亮相并受到人们的喜爱。后来，俄罗斯套娃逐渐成为一个极具象征意义的地域品牌和文化名片，得到人们的广泛认可。为了进一步扩大影响力，俄罗斯充分利用各类媒体资源宣传，积极开发和推广俄罗斯套娃的衍生产品，并将其巧妙地融入人们的生活之中，如佩戴在脖颈上的套娃项链和耳坠，以及印有套娃图案的服装、笔记本封面、彩色印纸乃至厨房碗碟等。

最后，在产业开发中坚守技艺的独特性。传统技艺水平大都体现在手工技艺上，这是毫无疑问的。随着社会的发展，生产工具普遍得到了发展，但是不管生产工具在多大程度上提高了生产效率，或者是在多大程度上达到一种先进性，产业开发最后完成还是离不开手工技艺。对非物质文化遗产的保护，不管采取哪种保护方式，都应该在其核心技艺不受损害的前提下进行。俄罗斯套娃诞生于19世纪末，当时俄罗斯的工业技术水平已经得到长足的发展，俄罗斯套娃的主题图案也随时代在不断变化，但在传承过程中，工匠们仍坚守俄罗斯套娃制作技艺的独特性，比如在选材上以木质细软的椴木为主，根据套娃的不同尺寸将木材抛光后，再手工雕刻出套娃的雏形。制作中的选材、抛光、雕刻、染绘、烫金等都是在传统工艺的基础上完成的,以保证俄罗斯套娃的自然风格和朴实韵味。

总之,俄罗斯套娃制作技艺随着时代的不断发展,创新性地融入了现代的图案和主题元素,并将遗产保护、品牌推广与产业开发结合起来,在差异化创新的同时坚守制作技艺的独特性,使之富有浓郁的地域特色,并成为俄罗斯的文化标识。

武汉面塑技艺独特,在传承中更多地倾向收藏面塑艺术品和普通旅游纪念品的两极发展。与俄罗斯套娃有着诸多相似之处,两者都是传统手工艺制品,都具有一定的地域特色,因此,在市场化活态传承上可以借鉴俄罗斯套娃的相关经验。地域品牌化建设是武汉面塑市场化活态传承的重要路径,除此之外,其他路径具体介绍如下。

(一)路径之一:面塑文化价值创新

曾经,武汉的传统面塑艺术家们在街头巷尾展示他们的精湛技艺。然而,由于传播范围有限,武汉面塑鲜为外界所知,即便是对这一传统文化有所耳闻的人,也难以找到学习的机会。因此,保护和弘扬武汉面塑的文化价值显得尤为重要。我们应当构建一个多方合作网络,包括面塑传承人、政府机构、非物质文化遗产相关企业、面塑爱好者及收藏者,共同致力于面塑艺术的传承与保护。通过为面塑注入新的文化意义和艺术表达,激发其新的活力。深入挖掘面塑的文化价值,将现代流行元素与传统面塑技艺融合,创作出既符合现代审美又蕴含文化底蕴的作品。利用3D打印等现代科技手段,以创新的方式向公众展示面塑艺术,扩大其传播范围和影响力。面塑文化的创新同样可以体现在教育和体验层面。通过开设面塑工作坊和课程,让更多的年轻人和非专业人士接触并学习面塑艺术,从而培养新一代的面塑艺术家和爱好者。这不仅符合非物质文化遗产保护的目标,而且有助于武汉面塑的长期可持续发展。在文化价值创新的过程中,面塑艺术家和文化工作者需要不断探索和尝试,将传统与现代、东方与西方、艺术与生活相结合,使面塑艺术在新时代背景下得以传承和发展。通过这些努力,面塑不仅能够成为一种文化符号,更能够成为连接过去与未来、传统与现代的桥梁。

（二）路径之二：品牌价值传播创新

目前，很多面塑艺人都开设了自己的视频号进行文化传播，较为成功的当属萧派传人的新媒体运营。萧派面塑在清代就十分有名，萧派传人通过三至五年的网上新媒体运营，在市场品牌价值传播上获得了较大成功。

萧派传人不仅传承了传统技艺，还创新性地运用现代手法，打造了一系列"网红"面塑作品，利用抖音、快手等网络平台进行品牌价值传播，单个网络平台订单额达百万元。萧派传人在抖音上积累了大量粉丝，其中，以《水浒传》为题材的面塑作品获得了一笔金额高达200万元的订单，以佛像为题材的面塑也有几十万元订单。购买者以国外收藏者、外籍华人艺术爱好者为主，可见面塑艺术乃至中华文化在全球的影响力。此外，网上培训也是其盈利的重要来源之一。来自世界各地的面塑爱好者通过网络支付学费参与面塑培训，这成为手工技艺又一网上盈利方式。

（三）路径之三：武汉面塑产品创新

武汉面塑需要在传统技艺的基础上，进行产品开发和创新，满足不断变化的市场需求。如将武汉面塑与现代艺术相结合，开发具有现代艺术特色的面塑艺术品，或者根据消费者的喜好，开发不同类型的面塑工艺品。

收藏类面塑艺术品可实现纵深化开发，深度研究国内外高端消费者特点，进行作品主题设计的定制式开发；旅游类面塑纪念品则可结合景区特点，因地制宜地开发价格适中、易携带、特色鲜明的武汉面塑纪念品。

除了开发收藏类面塑艺术品、旅游类面塑纪念品，还可以开发系统化面塑培训课程。目前，集艺术性、趣味性与功能性于一体的手工艺术品颇受市场欢迎。鉴于武汉面塑领域鲜有专门的系统化培训课程，我们可借鉴陶艺培训经验，针对不同客户群体，系统地开发面塑课程，这对于推进武汉面塑发展大有裨益。

（四）路径之四：跨界整合营销创新

打造武汉面塑多元化IP形象并与其他功能型产品进行跨界融合。例如，武汉面塑大师刘洁与茶商联名合作，将面塑 IP 形象导入茶叶包装设计中，实现武汉面塑与中国茶文化的完美结合。刘洁的面塑作品《独占鳌头》，每年都会有高考考生的家长前来购买，寓意考生高考能取得好成绩，独占鳌头。将这一富含

面塑作品《独占鳌头》

美好寓意的面塑作品与状元茶一起开发销售,以中国传统文化为基础进行跨界营销整合,无疑是一次成功的 IP 开发。故宫博物院每年都能推出大量 IP 衍生文创产品,深受市场欢迎。武汉面塑产品也具有 IP 输出的先天优势,可借鉴故宫博物院的 IP 输出经验,进行跨界整合营销创新。

(五)路径之五:教育培训市场创新

武汉面塑具有天然的教育培训市场优势。

在课程设置上,建议将面塑课程融入中小学校的课程中。在课堂上学生可以学习面塑的制作方法和技巧,培养动手能力和创新精神。同时,建议将面塑课程纳入职业教育体系,可以让更多的人有机会接触并深入学习这一传统技艺。

在实践活动中,学校可以定期举办面塑展览、技能比赛等活动,让学生在实践中提高技艺,激发其创新精神。同时,也可以邀请面塑艺术家到学校举办讲座和示范,使学生更深入地了解面塑艺术。

为满足更多人的学习需求,我们可以开设面塑培训班,面向社会公开招生。面塑培训班可以设置多样化的课程,以适应不同人群的学习需求。同时,提供充足的实践机会,让学员在实践中提高技艺水平。

利用网络平台,开展面塑线上教育,让更多的人可以在家自学面塑技艺。线上教育可以提供丰富的教学资源,如视频教程、在线课程等,方便学习者随时随地学习。

综上所述,通过课程设置、实践活动、开设培训班和线上教育等方式,我们可以有效地提高公众对面塑的认识和兴趣,进而推动武汉面塑的传承和发展。

(六)路径之六:政府引导"三化"建设

政府及相关部门可根据当前市场态势,积极引领武汉面塑向文旅化、产业化、品牌化三个方向发展。

在文旅化建设方面,政府努力推动武汉面塑与文化旅游的深度融合。通过在热门旅游景区、文化活动场所等地设立武汉面塑的展示区和体验区,通过展示、教学、体验等多种形式,吸引游客参观、学习制作并购买相关产品,以此实现武汉面塑的市场化传承。游客在游览美景的同时,还能深入了解和感受武汉面塑的独特魅力，从而激发他们对武汉面塑的喜爱与兴趣。

在产业化建设方面，武汉面塑可以通过产业融合实现经济价值。如开发一系列面塑工艺品和纪念品，通过旅游景区和旅游商店销售等。

在品牌化建设方面，除了借鉴俄罗斯套娃的成功案例，还可通过其他方式提升武汉面塑的品牌形象，具体措施包括：举办武汉面塑展览、比赛等活动，提高武汉面塑的知名度；通过传统媒体及网络媒体等渠道，宣传武汉面塑的文化内涵和艺术价值，提高武汉面塑的美誉度等。品牌化建设是提高知名度和美誉度的重要途径。

汉绣篇

一、非遗档案

（一）历史渊源

两千多年前，诗人屈原在《楚辞》中写道："翡翠珠被，烂齐光些。蒻阿拂壁，罗帱张些；纂组绮缟，结琦璜些……"这些瑰丽的文字描绘的华光盛景，就是汉绣的风华。在历史长河中，汉绣鼎盛与辉煌时，一度与苏绣、湘绣齐名，蜚声海内外。

汉绣主要是流行于湖北武汉、荆州、荆门、仙桃、潜江一带的传统刺绣艺术，是中国传统文化不可或缺的一部分。汉绣的历史可追溯到春秋战国时期，当时楚国丝织业已相当发达。汉绣的鼎盛时期是在清末民初，彼时汉口的绣花街和石首绣林镇、洪湖峰口镇一带的绣花堤，皆因刺绣集中而闻名。清咸丰年间，汉口设有织绣局，汇聚各地绣工绣制官服。晚清时期，武昌的营房口、塘角、白沙洲、积玉桥和汉口的黄陂街、大夹街一带，皆开有绣铺。汉口绣花街有几十家汉绣铺子、上万名绣花匠人，呈现出"家家绣花，户户刺绣"的盛况。然而，抗日战争的爆发和外敌侵犯，使得汉绣在时局动荡之际日渐衰落，几乎失传。20世纪以来，得益于政府的扶持，以及少量汉绣技艺者的坚守，汉绣得以复苏，但随着当下时代的快速发展，汉绣的市场空间却急剧缩小，问津者寥寥无几，针对这一情况，我们必须积极采取相应措施来保护和传承这一民族特色艺术。

（二）技艺特点

1. 传统工艺特点

经过长时间的发展，汉绣已成为一门较为成熟的特色制作工艺。

汉绣的制作过程讲究"一画""二绣""三修饰"。

"一画"指画稿设计，这个环节需要专业的设计人员发挥原创性，设计出独特的图案，值得注意的是，汉绣图案并不依附于名人名家的字画，而是完全依赖画工的自主设计，强调原创性，每一件汉绣作品都具有很强的创作延展潜力。

"二绣"是指由绣工根据设计的画稿进行绣制，具体包括穿针、运针、起花、剪丝等。绣制时起落针要快，收线要松紧一致，这样才能使绣面光滑匀称。

"三修饰"是由绣工进行收饰修改，画龙点睛，以臻出神入化之境。这是汉绣工序中非常重要的一个环节，要求绣工的针法娴熟、技艺高超。

2. 汉绣针法

汉绣，深深根植于楚绣的沃土，博采南北绣法之精华，是独树一帜、地域特色鲜明的绣艺。其技法精妙，涵盖铺、平、织、间、压、缆、掺、盘、套、垫、扣等多种针法，其中"平金夹绣"为核心表现手法，制品色彩分层细腻，对比鲜明，有一种奢华而热烈的艺术氛围。

汉绣的针脚果断有力，图案边缘平整如裁，被誉为"齐针"，充分彰显了绣工严谨的工艺精神。在绣制过程中，绣工常自外围起始，层层递进，直至铺满整个绣面，一针一线皆蕴含其精心与巧思。

除齐针这一基础技法，根据绣品的材质与图案之异，汉绣灵活运用垫针绣、铺针绣、纹针绣、游针绣、关针绣、润针绣、凸针绣、堆金绣、双面绣等多种针法，使得绣品立体感极强，从而在绣坛中独树一帜，展现出非凡的艺术魅力。

3. 汉绣与中国四大名绣的不同点

四大名绣指的是我国刺绣中的苏州苏绣、湖南湘绣、广东粤绣、四川蜀绣。

苏绣的历史长达2000多年，自古便以精细素雅著称，其针脚细密、色泽雅静、绣工精致。尤其是仿画绣和写真绣，更是以逼真的艺术效果而闻名。

湘绣是在湖南民间刺绣基础上，吸取苏绣和广绣的优点发展形成的。湘绣通过巧妙地将不同颜色的线相互交织，形成细腻且层次分明的色彩渐变，展现出丰富的色彩与和谐的色调。湘绣的图案深受中国画的影响，所绣内容多为山水、人物、走兽等，尤其是以狮、虎为题材的湘绣，栩栩如生。

粤绣构图繁而不乱，色彩富丽夺目，针脚均匀，针法多变，纹理分明。粤绣的题材广泛，多为百鸟朝阳、龙凤呈祥等图案。

蜀绣以软缎和彩丝为主要原料，针法繁复多样，多达百余种，充分展现了蜀绣的独特魅力，具有浓厚的地方特色。蜀绣大多以花鸟、走兽、虫鱼和人物等为题材，运用独特的绣制技艺，绣制出被面、枕套、衣、鞋及各类画屏等。

与苏绣淡雅、温婉的色彩风格不同，汉绣在用色上大胆且浓烈，偏向强烈的色彩效果。在配色上受五行色的影响，延续着上五色为主的传统。汉绣与湘绣的相似之处在于，两者都是在吸取了其他绣种优点的基础上发展起来的，如湘绣吸取了苏绣和其他刺绣的优点,而汉绣则吸取了楚绣的精华。二者最大的区别在于,湘绣图案大多借鉴中国画,所绣内容多为山水、人物、走兽等,而汉绣图案设计完全依赖设计者的想象力,是一种创造性很强的刺绣艺术。

(三)艺术价值

1. 丰富的题材与文化内涵造就独特艺术风格

汉绣源于楚绣,并在发展过程中融合了武汉、荆州等多地区的刺绣手法,形成了具有荆楚文化特色的刺绣艺术。汉绣的题材广泛,是一种融绘画艺术、手工技艺于一体的刺绣。汉绣作品不仅具有装饰性,更是荆楚地区文化的重要载体。它融入了荆楚文化中的巫文化,通过夸张异化赋予纹样丰富的想象力。动物纹样中"凤"是其典型的纹样代表,植物纹样则多与动物纹样相结合,寓意吉祥美好。此外,汉绣中的人物多用金银线来勾勒轮廓,使得人物形象更加简洁圆润、生动传神。丰富的题材和深厚的文化内涵造就了汉绣独特的艺术风格,使得汉绣在刺绣艺术领域独树一帜,具有极高的审美价值,同时也成为人们了解和研究荆楚文化的重要窗口。

2. 中国传统美学中的自然意象与文化传承

在中国的传统美学中,自然万物要成为审美对象,离不开人的审美活动。需要人有意识地去"发现""唤醒"并"照亮"它们,使它们从物质实体变成"意象",这可以用禅宗思想"澄怀观道"来解释,"澄怀观道"呈现了一种在审美主客体的交融升华中达到的精妙境界。由此,笔者认为这样的审美价值在汉绣这一极具地方特色的传统文化中得到了尤为显著的体现。汉绣创作者将现实生活及人生经历等通过联想,以汉绣的艺术形式表现出来,希望人们能够欣赏并感受到其中的深意。初见汉绣,人们往往被汉绣外在的形式之美吸引,深入品味,才能进一步感受到其所蕴含的艺术之美、文化之美。

3. 传统色彩与纹样在现代美学中璀璨绽放

从现代美学的视角审视,汉绣以大胆且鲜艳的色彩搭配著称,偏向强烈的色彩效果。汉绣的配色受到五行色彩理论的影响,沿袭了以木青、火赤、土黄、水黑、金白这五种基本色彩为主的传统,这些色彩源自五行学说,是由此衍生出的色彩体系。汉绣色彩搭配的演变体现了传统与现代的融合,既遵循了传统的色彩观念，又兼顾了现代视觉审美的需求。汉绣的纹样不仅展现了极高的装饰性美学价值，还体现了中国现代美学的核心观点。中国现代美学认为，艺术美感效应的根源在于人生艺术观与唯美艺术观，强调艺术与科学之间的关系，以及艺术在情感教育和趣味教育方面的重要作用。汉绣的装饰性功能能够激发观赏者的愉悦感和舒适感，反映了当代人的审美价值观。

二、见证

（一）姜成国：汉绣是我们触手可及的生活方式

姜成国，1955年生，湖北武汉人。1972年姜成国从技校毕业后，就开始从事剧装和汉绣纹饰的设计与制作。姜成国有着约40年的汉绣戏装制作经验，是剧装戏具制作技艺传承人，2022年5月入选湖北省第六批省级非物质文化遗产代表性传承人名单，获得"武汉好手艺民间工艺技能传承大师"等荣誉称号。

（以下根据姜成国口述整理）

虽然中国刺绣驰名中外，但遗憾的是汉绣却鲜为人知。我曾带领团队考察过全国各地的刺绣，相比之下，汉绣的品牌特色不鲜明，市场上较有行业影响力的代表作屈指可数。虽然大力弘扬中华传统优秀文化和推进文化自信是国家发展的一个大趋势，但相较于过去"家家绣花，户户刺绣"的热潮，当下汉绣的发展缺乏落脚点，这是一个比较关键的问题。不过，换个角度看，目前汉绣的发展同样蕴含着巨大潜力。当前已有不少文创公司愿意助力汉绣发展，打造汉绣品牌，但关键在于要找到一个好的发展环境和市场空间，如果不能找到，就算付出再多努力，好像拳头打在棉花上，徒劳无功。我认为，汉绣其实离我们的生活很近，希望通过以下几件经典的汉绣作品，让大家了解汉绣故事。

一是汉绣作品《九州圆梦》。首先，此作品是一个框镜摆件，外方内圆寓意为人处世要讲规矩，有方有圆。其次，在细节方面，"九州圆梦"四个字中，"九"为阳数之首，有最大、最多之意，寄托了对汉绣未来发展的美好愿景。"九州圆梦"则象征各族人民在党中央的领导下，团结友爱，共同努力，实现伟大中国梦。作品的边框添加了边符，寓意福气满满，能带动汉绣经济的发展。最后，佛教与道教的思想融合，赋予该作品丰富的文化内涵。《九州圆梦》的制作大致经过了6个月，主要以"平金夹绣"为基础针法，共四层叠加，呈现出强烈的层次感与视觉效果。可以说，汉绣来自我们的生活，从设计理念到针线技巧，蕴含着中国智慧。

汉绣作品《九州圆梦》

汉绣作品《花瓣图》

二是汉绣作品《花瓣图》。这一作品一部分为机绣，另一部分由人工完成。由于汉绣作品制作工艺复杂，机绣过程中可能出现的电脑控制排版、打版等方面的问题，都需要妥善解决。对于在汉绣制作过程中使用机绣，我是支持的。我始终认为，机器可以代替人完成烦琐的操作，如果完全采用手工制作，不仅费时、费力，而且生产成本也比较高。但是，人的创造力和想象力是机器无法达到的，人们可以借助机器将创意与想法融入汉绣作品中。作为地方特色文化，我希望汉绣可以走大众化路线，拉近大众与汉绣的距离，使更多人能够接触汉绣文化，喜欢汉绣艺术。

我平常喜欢将自然、历史、佛法及道教文化等不同创作元素整合，并在汉绣作品中加以体现。《达摩祖师》这一作品整体用针线勾勒出人物的轮廓，尤其在人物脸部刺绣上，细节处理得极为细致，达摩的胡须通过经线纬线的交织，呈现出大方简约、层次分明的效果。作品的身体部分大量留白，这样的设计详略得当，形神具备，能更好地体现汉绣的艺术感。

汉绣在人物的形式表现上多注重原创性，塑造的人物形象生动鲜活。其中，佛像纹样具有非常高的艺术和文化价值。制作时多采用金银线来勾勒人物的轮廓，这是区别于其他刺绣的特色之一。金银线的运用使得汉绣在人物造型的表达上构图更加简洁、圆润。绣制过程中，汉绣艺人采用了多种针法组合绣制，所塑造的人物形象粗犷豪迈、生动传神，这也是汉绣的地方性特色。

汉绣中的文字绣也是一大亮点，它通过在文字中融入植物或动物元素图案，创造出新的视觉形象。文字绣的题材广泛且富含寓意，既可以单个绣字，也可以重复组合绣字，其中"福"字最为常见。"福"字可用梅花或喜鹊等绣样进行装饰，寓意吉祥；"寿"字可用仙鹤、牡丹、寿桃等绣样进行装饰，寓意万寿无疆。除了应用在服饰之中，文字绣还可应用在门帘、窗帘、堂彩上，不仅具有美学价值，还寄托着人们对于美好生活的向往，展现出浓厚地方特色和较高的文化价值。

文字绣作品

汉绣与苏锦的融合刺绣作品极具创意，是我们在技法上的一次创新尝试，其图案色彩清丽脱俗、淡雅别致，各部分相互映衬、相得益彰。

其实，汉绣离我们生活很近，比如中国传统服饰——旗袍上就有大量的汉绣元素。但是，对于汉绣产品，我们不会量产，一般先做好旗袍上汉绣的样板图案，再根据顾客的具体需要，量身定制，裁剪制作。除旗袍外，汉绣也可以用在现代礼服上，通过手工刺绣与定制打造，这些礼服成为传统汉绣文化与当代时尚潮流完美结合的佳作。

姜成国汉绣工作室作品系列

另外,汉绣还可以应用于传统戏剧类服饰。汉绣是国家级非物质文化遗产,是湖北传统刺绣艺术,在荆楚之地流传至今,与荆楚文化一脉相承。我从事汉绣工作已经几十年了,专注于汉绣剧装戏具的设计与制作,致力于保持汉绣剧装的传统特色,为地方戏提供汉绣剧装戏具,目前是"以剧装养汉绣"的状况。

传统汉绣代表性剧装作品

那么，如何开拓汉绣剧装市场并传承下去呢？我们并不排斥现代科技在汉绣制作上的应用，任何事物的发展都需要与时俱进，在不失汉绣传统特色的基础上，借助现代科技让汉绣更好地发展、更广泛地传播，我们团队也在积极探索实践新路径。

目前汉绣发展面临以下几个方面的问题。

第一，着力点问题。虽然国家及各级政府给予汉绣一定的政策扶持，但从实际运营情况来看，着力点还没有完全找到。

第二，汉绣归属问题。汉绣到底归属哪个艺术领域？是传统美学还是现代美学？两者区别是什么？目前汉绣是归于传统工艺门类，随着这门技艺的发展，这一归属是否有所变化？

第三，汉绣推广传播问题。苏绣传播力度广是因为它有着较深厚的人文渊源，古代文人墨客给苏绣提供了广阔的传播空间，而汉绣的市场传播则完全靠自身的生命力。

第四，宣传角度问题。汉绣是原创设计，这与苏绣有本质上的不同，在品牌宣传时可重点关注这一方面。

第五，汉绣制作标准规范化问题。在过去，设计、刺绣等环节分工明确，专门人做专门事，未来是否需建立规范化的汉绣制作标准，让后代子孙了解并保存这一过程值得商榷。

第六，汉绣针法技艺是否标准化、模式化问题。如果第一步汉绣针法出现错误，后面将无法弥补。这种情况增加了制作难度，影响传承。

（二）任炜：一根绣花针串起传统经典与现代时尚

任炜，汉绣省级代表性传承人、湖北省工艺美术大师。任炜出生于汉绣世家，父亲是国家级非物质文化遗产代表性传承人任本荣。任炜精通汉绣四大类产品的规格、图案设计，深刻领会其中蕴含的寓意，并能灵活地使用多种针法表现图案的质感。任炜曾参与汉绣地方标准的制定工作，其作品荣获中国工艺美术百花奖、"中轻万花杯"金奖。

笔者去任本荣汉绣工作室调研可谓一波三折，约了几次都临时取消，皆因任本荣老先生病重。后来，任本荣老先生仙逝，笔者不得不将原本计划对任炜的访问暂时搁置。最终，笔者得以探访位于西北湖江汉区非遗保护中心任炜所在的汉绣工作室。工作室将传统汉绣与现代时尚风装修融合,这种展陈方式笔者第一次看到,新颖且具有视觉冲击力。任炜告诉笔者这是她女儿王玮佳的创意,这个来自刺绣世家的"90后"汉绣市级传承人,果然非常有想法。未来,笔者将推出汉绣方面的专著,届时将深度介绍这位"90后"汉绣新星。

笔者致力于整合汉绣非遗项目资源,深入挖掘并讲述汉绣作品背后的故事。通过与汉绣市级代表性传承人任炜的对话,笔者积极探索非遗保护、活态传承及创新发展的路径。在此基础上,笔者力求携手各方,共同应对非遗面临的挑战,吸引更多的市场资源,推动非遗在现代生活中的稳步融合与持续发展。

(以下根据汉绣市级传承人任炜口述整理)

1. 新时代的汉绣坚守

新时代下,各行各业逐渐复苏,但汉绣非遗保护与传承之路依然充满挑战。我之所以投身于这项事业,完全是出于对汉绣的热爱,尽管这条路异常艰难。就拿现在的工作室来说,受疫情的影响,工作室的装修周期延长,工人无法如期复工,之前在外省定制的设备装置因物流受阻无法运到武汉,我们只能重新定制设备,这不仅导致工作室开放延期,还大大增加了资金消耗,效果也未能达到预期。尽管政府提供了一定的补贴支持,但仍显不足。目前,我们的工作重心是举办汉绣嘉年华等活动,同时在学校开设课程,让学生接触汉绣、了解汉绣、热爱汉绣。

目前汉绣有二十余位代表性传承人,"70后""80后""90后"都有,他们一直在为汉绣事业的发展贡献自己的力量。就我个人而言,从事汉绣多年,从未期望它能成为我们基本生活的保障,坚持下来更多的是出于一种情怀。我们手艺人或许都有一点"倔强",这种"倔强"是对自己的严格要求,是对可为与不可为的清晰认知,是对自由的热爱,更是对本心的坚守。

2. 装饰类汉绣产品是目前设计主流

首先,汉绣可以巧妙地应用在包包、鞋子等定型产品中,但这些设计与刺绣工作不仅耗时费力,而且工艺复杂,因此寻找合适的企业合作显得尤为重要。目前,汉绣更多地被应用于丝巾、装饰画等装饰性物品上。通常,像汉绣丝巾这类较为简单的产品，其制作周期相对较短。汉绣产品的制作周期根据其大小、复杂程度、针法选择以及工艺要求来具体确定。我们的汉绣作品主要运用齐平针技法，并辅以套针、游针、打梓针等多种针法，以此展现出汉绣独特的纹理和丰富的装饰效果。此外，在创作汉绣作品时，我们还会充分考虑现代审美趋势，使产品的款式与结构更加符合大众的审美需求。一些结合现代审美元素的民俗类汉绣产品深受各年龄层次的人的欢迎。

装饰类汉绣产品

其次，汉绣作品能够将宗教文化巧妙地融入图案设计中，比如道教中的金乌玉兔、五龙捧寿等图案，以及佛教中的大雄宝殿、菩萨等设计元素。过去，汉绣制作遵循着"一画""二绣""三修饰"的传统流程，而现在则更加注重设计环节。具体来说，就是在动手制作汉绣作品之前，必须先深入了解作品所蕴含的文化背景和内涵，然后才能着手设计图案。这一流程与设计舞台剧装颇为相似，需要明确剧中的人物角色以及各自的服饰装束，这些都有严格的规定。例如，在设计中，关公的服饰通常以红色为主，曹操的服饰通常以白色为主，包公的服饰通常以黑色为主，这些颜色的选择都有讲究。在这个领域，有着"宁可穿破，不能穿错"的说法，这既体现了对服饰准确性的严格要求，也彰显了我们手艺人对专业精神的执着追求。

汉绣戏装

大多数现代汉绣手艺人所接触的圈子比较窄，他们可能更多地专注于汉绣非遗技艺的传承，而在市场宣传与营销方面则显得力不从心。这并非汉绣独有的问题，而是当前非遗技艺传承普遍面临的挑战。从市场角度来看，推动非遗的传承与发展是一项艰巨的任务，需要付出巨大的努力。在激烈的市场竞争中，消费者对价格非常敏感，纯手工汉绣制品经过多道工序，倾注了手艺人大量工时和心血，但其产品价格却并未能与付出成正比。与此同时，机器制作的绣品日益精细，尤其是山水风景等基础图案的绣品，营销专业人员擅长捕捉消费者心理，针对消费者需求推出机器绣制的定制化产品。在这样的环境下，汉绣手艺人的生存与发展面临着巨大挑战。然而，如果完全迎合市场，可能会丧失对传统汉绣艺术的坚守。近年来，3D打印技术的出现也对手工艺市场产生了一定影响。无论是机绣还是3D打印，都只能在一定程度上接近手绣。此外，杭州的手推绣结合了人工与机器操作，是介于手绣和机绣之间的一种方法，但相比手绣仍显得僵硬。线材质地的选择也是关键，手绣选用柔软易劈的线，而机绣则使用韧性强的线，所以其制品相对粗硬。目前市场上机绣制品泛滥，消费者难以辨别。因此，要做好汉绣非遗传承，保持其原汁原味、原生态至关重要，如果要考虑市场因素，机绣或许是一个选择，但总体而言，这一平衡点的把握相当复杂且难以评估。

3. 坚持传统汉绣元素的创新

什么是真正的创新？如果将汉绣创新仅仅理解为简单粗暴的改变，将传统一股脑抛弃，在我看来这并不是汉绣创新，这样的做法违背了汉绣传承的本心，对于汉绣乃至非遗来说都是伤害。对于传统手工技艺，创新是一个积极的理念，但要真正将创新与传统结合，是一个比较大的难点，我们需要的创新是在保证汉绣传统元素不变的基础上去创造、去改变。

汉绣的特点是什么？怎样做到每一次展览，人们一看就知道这是汉绣？其实汉绣的特点体现在色彩、技法、图案设计，以及装饰性上。汉绣色彩比较丰富、艳丽，色彩对比强烈，视觉冲击力强。汉绣针法主要是齐平针，齐平针讲究整齐度，但这不是一天两天就能够达到的，需要经历长时间的磨炼。只有针法到位，汉绣的装饰性才能够体现出来。

目前许多刺绣都在向蜀绣看齐，但汉绣的传承与发展必须保持自身的刺绣特点、刺绣工艺。各绣种一定要有自己的特点，汉绣可以借鉴其他绣种的优点，但自己的风格不能变。所以说我们需要抓住汉绣的"根"，在保持核心元素不变的情况下，将传统与创新融合，才是真正的汉绣创新。

自从我们的工作室开放以来，作品风格发生了显著的变化。我们主打"传统风"和"现代轻奢风"，既保留了汉绣传统的核心要素，又使参观者有一种眼前一亮的感觉，即汉绣是可以有时尚感的。实际上，汉绣的所有技法都没有变，只是我们展示的方式变了。我们将现代时尚和汉绣非遗传统工艺结合，打破了大众过去对于汉绣的认知。所以说，我们不能被条条框框所限制，我们的视野必须打开，在保持核心元素不变的基础上打破常规，敢于接受新的观念，找到新的切入口。现在年轻一代的手艺人，他们的想法和老一辈手艺人的想法是完全不一样的，我希望可以给他们一个展示才华的平台，鼓励他们去尝试，激发年轻一代的奇思妙想，带领汉绣打破常规，使汉绣焕发新的生机。

4. 未来汉绣突破点在设计

未来，汉绣最大的突破点还是设计，优秀的设计不仅能够将汉绣传统工艺传承下去，还能符合大众的审美需求。在进行设计时，要注意汉绣的基本特色不能丢。

国家通常会不定期举办针对非遗传承人的培训活动，即非遗研培计划，旨在提高传承人产品设计能力及创作能力。这些培训活动一般由高校承办，其中理论课程时间约半个月，其余时间则用于实践。学员制作作品时间较长，且作品设计本身需要一定的资金投入，因此，需要相关单位在资金方面能给予一定支持。另外，从设计刺绣样稿到最终完成绣品实物，设计人员与绣工之间的衔接与沟通至关重要。当前，虽然一些设计人员具备出色的设计能力，但他们往往不了解汉绣技艺，不知道如何将设计的图案转化为可绣制的实际操作。因此，汉绣图案设计人员在设计之前，需要学习和掌握一定的刺绣知识，以便更好地将设计与实际操作相结合。

5. 汉绣市场面临的困境与挑战

之前，我有幸参与了苏州镇湖举办的一场刺绣年会，然而，我深切感受到行业氛围的沉闷与不振。彼时，疫情如阴霾般笼罩，给整个刺绣市场带来了前所未有的严峻考验，尤其是汉绣市场，更是举步维艰，一度深陷泥潭。为了在这片黯淡的市场中寻求一线生机，部分商家不惜采取以次充好、压低价格的策略，企图以此提升销量。然而，这种短视且不负责任的行为，不仅严重扰乱了市场秩序，更对整个行业的产品定价体系造成了深远的影响。回想起2001年的镇湖刺绣市场，那是一片繁荣与辉煌的景象。当时，市场主要以批发业务为主，产品更是远销海外，吸引了全国各地的绣品汇聚于此，使镇湖成为绣品的重要集散地与销售渠道。时至今日，当各地的绣品再次汇集于镇湖，准备销往其他城市时，其质量却已大不如前，参差不齐，这无疑为汉绣市场的健康发展埋下了隐患。我始终坚信，优质产品如同璀璨明珠，其价值不会因市场的波动而轻易贬值。然而，面对当前的市场状况，我们不得不正视这样一个事实：优质产品往往因市场的混乱而难以卖出合理的价格，缺乏核心竞争力的绣品在流向外地的过程中逐渐失去了其应有的价值。更令人担忧的是，如果汉绣技艺被随意模仿和学习，那么汉绣制品的价值将大打折扣，随时被市场淘汰。如今的市场，刺绣产品的销售种类往往是根据市场的短期反响来决定的，这种短视的市场行为无疑是对汉绣长远发展的漠视。虽然短期内可能会带来一定的经济收益，但长此以往，绣品的品质将因低价竞争而无法得到提升，整个行业也将因此陷入恶性循环。这就像多米诺骨牌效应一般，一旦某个环节出现问题，就可能引发连锁反应，对整个行业造成毁灭性的打击。因此，我们必须正视当前的市场问题，采取有效措施加以解决，才能确保汉绣这一传统技艺得以传承与发展，让其在未来的市场中焕发新的生机和活力。

总的来说，要做好一件事，坚持不懈是关键。在当前情况下，大家都是做好自己的事情，经过疫情的冲击，汉绣的持续经营与发展面临着不小的挑战，其关键还是附加值问题。若能有效提高汉绣制品的附加值，其潜在价值是不可估量的。

6. 代表作

（1）《九头鸟》。

九头鸟是楚人崇拜的神鸟，是荆楚大地传统图腾，源自凤凰形象，是智慧的象征。

2016年，汉绣作品《九头鸟》入选中国当代工艺美术双年展。这一作品从构思到绣制就耗费了一年的时间。

汉绣作品《九头鸟》

2017年电视剧《你和我的倾城时光》剧组找到了任炜,希望能在剧中展示一些汉绣作品。经过一番挑选,任炜借出了《九头鸟》和《古黄鹤楼》这两件具有代表性的汉绣作品。汉绣讲究图必有意,意必吉祥,麒麟、龙、九头鸟等神兽都是汉绣常见的元素,而且自古就有"天上九头鸟,地上湖北佬"的说法,此作品充分体现了汉绣的艺术特点和文化内涵。

(2)《古黄鹤楼》。

此作品荣获2015年中国轻工商品博览会"中轻万花杯"金奖。作品中的黄鹤楼、九头凤鸟都是极具湖北地方特色的元素,梅花和松枝象征着顽强奋斗、不畏艰难的可贵品质。

汉绣作品《古黄鹤楼》

(3)《博古瓶》。

此作品融合了象征着平安富贵的龙瓶牡丹,以及寓意多子、多福、多寿的石榴、佛手、寿桃等多种内涵丰富的元素,表达了作者对生活的美好祝愿与期盼。

(4)汉绣扇子。

此作品寓意"扇结善缘"。在古代,扇子常作为朋友相见的礼物,因"扇"与"善"同音,古人借扇寓善,以希望结交到知心朋友。因此,汉绣扇子也常被用作赠送亲友的佳品,寓意结下美好的善缘。

汉绣作品《博古瓶》

汉绣扇子

(5)汉绣装饰画。

汉绣作品中龙凤"福"、团花"寿"是传统汉绣代表作,寓意龙凤呈祥、家族和美、身体安康。代表了人们对于美好生活的向往与追求。

汉绣装饰画

三、点评

目前,以任本荣汉绣精品展示中心和汉绣代表性传承人工作室为核心,结合荆州、洪湖、汉口等地汉绣精髓,在汉口文化体育中心形成了集设计、制作、教学、体验、展示、交流、销售于一体的国内主要汉绣聚集地。任本荣汉绣精品展示中心展出任本荣及其家族代表性作品;汉绣代表性传承人工作室则汇聚了汉绣省级及市级传承人,在此设计、制作、教学、交流和展示等,集中进行研发创新及产业发展。此外,还有一部分汉绣传承人集中在昙华林、红巷等地。总体来讲,汉绣的运营模式以传承人工作室独立运作为主,整个市场化传承及发展程度不高,且有许多壁垒限制行业发展。

(一)汉绣行业及市场化发展现状

1. 汉绣的全国行业知名度及影响力不高

目前,汉绣的全国行业知名度及影响力不高。在江苏镇湖刺绣中心的中国苏绣艺术博物馆中,除了四大名绣,还汇集了全国各地的绣种,包括汴绣、苗绣等,但可惜的是,并无汉绣作品陈列其中。另外,在武汉本地,普通民众对汉绣知之甚少,尽管部分人对汉绣有一定认识,但市场整体购买力不强。

2. 汉绣从业者整体经营状况一般

武汉地区汉绣从业者整体经营情况一般。据不完全统计,2022年,湖北省市级传承人工作室,以及昙华林汉绣专营店等机构的合计营业额不超过千万元。武汉市汉绣年销售额还不及湖南湘绣研究所年销售额的五分之一,部分没有销售渠道的从业者更面临倒闭的风险,前几年的疫情也给汉绣从业者带来不小的冲击。

3. 汉绣市场呈分散式粗放型经营

汉绣经营主体呈现四大流派:以国家级非物质文化遗产代表性传承人任本荣及其家族为代表,其作品在传统汉绣特点基础上发展起来,以装饰镜框、服饰及现代综合类汉绣产品为主的全能型汉绣经营者;以黄圣辉、王子怡为代表,吸纳少数民族刺绣特点，自创工作室进行产销培训一体的经营者；以姜成国等汉绣从业者为代表的汉绣服饰类经营者；以昙华林汉绣馆经营为主的一批绣品经营者，绣品经营者分布于武汉三镇，分散经营，大多属于等客上门的粗放式经营模式。

汉绣市场经营主体分布表

经营主体	单位名称	地址	主要擅长及经营	负责人
任炜团队	纫佩汉绣工作室	汉口文体体育中心	传统宗教类、现代装饰类	任炜
姜成国	张先松工作室/姜先生工作室	汉口文体中心/台北路	汉绣戏服制作，以及现代汉绣服饰、装饰类	姜成国
黄圣辉及王子怡团队	王子怡工作室	武昌街道口	装饰类作品、培训	王子怡
昙华林绣品经营者	杨小婷汉绣研究室	武昌昙华林	汉绣产品创新	杨小婷
	媚绣苑	武昌昙华林		王凤梅
	汉绣艺社	武昌昙华林		沈昌慧
	肖兰刺绣馆	武昌昙华林		肖兰
其他经营者	美莲社	汉口江汉路步行街	不生产，主要根据市场需求销售产品	不详
	藏艺阁	汉口中山大道与兰陵路交会处		不详
	锦绣坊	武昌红巷艺术城	根据市场需求制作产品、培训	黄春萍

4. 汉绣产品市场化程度不高

目前汉绣产品从开发类别看，以装饰类挂件为主，很多产品题材已不能满足市场需求，多停留在浅层次开发阶段，文化内涵发掘力度不够，实用性强、大众化的汉绣产品较缺乏。汉绣作为国家级非遗项目，其产品深厚的文化内涵及附加值有待提升。

5. 汉绣产品销售以区域性为主

目前汉绣主要集中在武汉市内销售，区域性较强。从经营模式看，主要以开店面等传统营销方式为主，等待客人上门。汉绣产品作为政务或会务礼品居多，其次为旅游纪念品及家居装饰品，商品类型较为单一，市场普及化程度不高。

6. 汉绣产品整体售价不高

从目前调研情况来看，武汉汉绣市场产品售价从几十元到几万元不等，汉绣名家作品售价几万元到几十万元不等。相比之下，苏绣名家作品往往售价高达几十万元甚至上百万元，显示出汉绣产品附加值不高，整体售价在全国绣品中处于偏低水平。

7. 汉绣品牌化优势缺乏

目前，汉绣产品营销宣传较少，品牌意识薄弱。尽管以任炜为代表的汉绣传承人开启了品牌运作模式，在产品设计、展陈上有所突破，但市场影响力有限。一个强有力的品牌不仅需要强大的销售数据为支撑，同时也需要高效的品牌价值传播路径。目前，大多传承人或汉绣手工从业者主要以短视频等新媒介方式进行分散式个人传播，集中传播力度不够，聚焦能力不强。未来，汉绣需要加大在平面媒体、电视媒体及互联网上的宣传力度，建立汉绣品牌优势。

（二）面临的问题

汉绣市场化活态传承目前面临的最主要的问题是产品设计及人员问题，笔者曾经与姜成国一同调研了武汉一些拥有绣花技艺的工厂、工作室，尝试将汉绣制品转入半机械化生产，即前文所讲过的，在手推绣基础上进行汉绣技艺创新，以进入文旅市场，但最终以失败告终。笔者曾尝试将传统的手推绣汉绣绣片与漆器工艺结合，创作出武汉礼物店的主打新品——汉绣漆器名片盒。然而，尽管首批100个试销的汉绣漆器名片盒成功售出，但由于漆器生产厂家出现问题，后续的供应被迫中断。因此，除了产品设计团队的问题，产品从设计到实际生产的落地衔接也非常重要。此外，行业的进一步发展还面临着缺乏整合、相关专业人才短缺及资金不足等问题，汉绣行业引导机制的缺乏成为制约汉绣未来传承与发展的重要壁垒。

1. 缺乏政府引导的整合营销机制

从目前来看，武汉市政府对汉绣给予了较高的关注，相关机构也为汉绣传承人提供了一定的资金、场地等支持，推动汉绣文化振兴达到了一个新的高度。但根据笔者近十年非遗市场的工作经验，汉绣复兴的根本在于如何将传统文化融入现代生活，让汉绣进入更多寻常百姓家。因此，应以政府为引导，以品牌为核心、产品为基础、传承为延续、创新为源泉、市场为导向，找寻具有号召力及市场运营经验的经营主体，整合现有汉绣传承人资源，联合媒体、高校等力量，建立深度化汉绣营销体系迫在眉睫，让传承人专心创作，精耕于作品本身，将市场拓展、品牌强化等工作留给牵头的经营主体，充分发挥各自作用，最大程度整合资源，形成联动力。

2. 从业群体少，高技术人才缺乏

武汉是湖北乃至华中地区最大的工业城市，拥有冶金、纺织、造船等众多产业。一方面，虽然人才就业机会很多，但汉绣从业回报不如其他工作，绣工新生力量不足；另一方面，汉绣大师大多年事已高，行业面临人才断层的问题。笔者通过实地调研和资料收集发现，截至2023年，汉绣从业者有接近3000人，且年龄主要集中在40～60岁，年轻从业者很少。其中，武汉汉绣项目在册的各级代表性传承人有20多位，既懂汉绣设计又懂刺绣的高技术人才缺乏，存在师承断代的风险，汉绣从业人员较少加大了汉绣传承与市场化的难度。数年前，笔者曾为武汉的一家金融机构提供汉绣商务定制服务。当时，客户需要2000件汉绣手工刺绣卷轴，但遗憾的是，由于订单量巨大，竟无一家汉绣工作室能够独立承担这一任务，导致出现无法接单的尴尬局面。经过多次努力，最终集合了三家工作室勉强完成了任务。这一事件深刻反映了从业人员数量不足所引发的市场矛盾。

3. 培养专业汉绣营销人员

目前，汉绣这一传统手工艺尚未形成大规模的产业体系，主要以家庭式小作坊的形式进行经营。在这些小作坊中，从接单、下单、制作到验收的整个流程缺乏标准化和规范化的操作。汉绣手艺人更多地将精力投入在自身技艺上，而对于市场营销的思维、技巧及产品包装等方面并不熟悉。因此，整个行业迫切需要有专门的汉绣营销人员，他们不仅深入了解汉绣的文化和技艺，还具备

市场营销的专业知识。只有这样,才能有效地整合资源,推广和传播汉绣,使其能够走得更远,被更多人所了解和欣赏。

4. 资金支持未形成集约效应

目前,国家对汉绣非遗传承人有一定的资金扶持:国家级非遗传承人每年可获得20000元的资金补贴,省级非遗传承人每年可获得10000元的资金补贴,市级非遗传承人每年可获得5000元的资金补贴。尽管如此,相对于实际需求,扶持力度仍显不足。值得注意的是,区级非遗传承人无任何资金补贴,实际上区级非遗传承人作为汉绣传承的第一梯队,大多是年轻人,尤其是具有一定学历或专业背景的年轻人,更需要资金支持。

汉绣市场化运作必然带来产业化革新与突破。这需要政府在充分调研的基础上,联合相关龙头企业、高校等建立汉绣传承保护机制,投入大量资金在人力、基础建设、对外宣传等方面,目前,在汉绣产业园建设、汉绣绣工培训、宣传汉绣品牌等都面临资金缺口,现有资金扶持集约效应不明显。

5. 设计人员缺乏,产品设计与创作链待优化

当前,汉绣设计人员尤为匮乏,绣工普遍文化水平不高,大多数绣工只能绣出中低档次的绣品,能独立设计并绣制者更少。此外,汉绣产品主要以装饰工艺类产品为主,日用类汉绣产品较少,亟须在产品表现形式上加大创新力度。现有汉绣运营中最常见的情况是,设计人员能根据客户需求设计出汉绣手稿,但汉绣绣工拿到设计手稿时,往往难以完成订单要求。所以,从汉绣设计到产品实现的整个流程链条还需进一步优化。

四、思考:汉绣市场化活态传承的创新路径

(一)路径之一:汉绣产品与设计创新

其一,在传承汉绣传统技艺的基础上,对现代审美进行深入研究。结合现代审美和消费需求,注重汉绣设计的创新性和时尚感,在保留传统特色的基础上进行创新和改良,开发符合当代市场需求的款式和图案。例如:尝试将现代流行元素(如抽象图案、几何形状等),融入汉绣设计中,使汉绣作品既具有传

统韵味又符合现代审美；举办各类汉绣设计比赛，激发设计师的创新精神，推动汉绣设计的发展。

密切关注市场动态，了解消费者的需求和喜好，从而开发出更具吸引力的汉绣产品。将汉绣应用于服饰、家居、礼品等多个领域，为消费者提供更加丰富多样的选择。此外，还可以通过跨界合作，将汉绣设计与其他艺术形式相结合，打造独具特色的创意产品。例如，将汉绣与数字技术相结合，通过虚拟现实、增强现实等技术手段，为消费者带来更加震撼的视觉体验。利用计算机辅助设计（CAD）、数字化工艺等现代技术，提高生产效率、产品质量和个性化定制水平，推动数字化与智能化应用产品创新。

（二）路径之二：构建异质化的市场营销体系

以品牌为导向，在提高汉绣认知度及知名度的同时，构建异质化的市场营销体系。从目前全国刺绣市场来看，刺绣类工艺品居多，刺绣类旅游小商品等相对较少。汉绣应发挥其工艺特点，以汉绣服饰类产品为市场营销的突破点，区别于四大绣种，另辟蹊径，满足各层次市场消费者需求。要深度整合大市场渠道资源，让消费者更方便地购买汉绣产品，充分利用电子商务平台构建营销体系。建立线上线下一体化的销售网络，线上开设官方网站、电商平台旗舰店等，线下开设实体店铺、入驻文化旅游景区、参加各类展会等，拓宽销售渠道。此外，还可以与本土知名服装品牌或其他相关老字号品牌开展合作，进行渠道共享，实现互利共赢。

（三）路径之三：打造荆楚非遗创新转化试验田

荆楚非遗创新转化试验田可选取汉绣作为典型进行实践探索，进而借鉴推广到其他适宜市场化活态传承的非遗项目。例如，尝试与高校及相关机构建立汉绣产学研发中心，用于汉绣产品的研发及创新设计、汉绣理论与市场融合研究、汉绣博物馆的对外展示、整合汉绣大师工作室等，同时对接市场机构将研发的汉绣产品推向市场销售。汉绣传承人作为此中心的核心力量，与高校、第三方公司密切合作，汉绣传承人提供核心技术，高校提供基础理论研究，尤其是文旅领域、数字创新领域，第三方公司提供渠道营销。

这种合作可以是松散型的联盟团体，大家共同承担一定的责任和义务，也可以采用技术参股的方式进行合作联盟，汉绣传承人与刺绣手艺人为公司的产品开发提供指导性的建议，公司再根据建议，对汉绣产品的开发进行规范性的管理，确保汉绣产品能保持其鲜明的地域特征，真正实现产、供、学、销、研一体化运营及管理机制，成为新的湖北非遗市场化活态传承模式。

（四）路径之四：打造汉绣人才培训生产基地

以高校为依托，建立全面的汉绣人才培训生产基地，为未来的汉绣产业发展培育后备力量，同时，作为第三方公司订单生产基地，有效应对汉绣大订单承接挑战，确保交易顺利进行。汉绣人才培训生产基地前期主要采用办培训班的方式招募汉绣爱好者，根据汉绣爱好者的文化水平和汉绣基础实行脱产制与半脱产制相结合的教学模式。另外，鼓励大学生加入汉绣学习，激发年轻人对汉绣的兴趣，实现汉绣人才培养与市场需求相结合，建立良好的人才培训生产机制，最终为汉绣艺术的传承与发展奠定坚实的基础。

（五）路径之五：合作联盟与跨界合作推进市场化程度

汉绣这一传统工艺的不断创新和发展能吸引越来越多的行业、时尚品牌及设计师关注并参与到汉绣的传承与发展中来。为了更好地推动汉绣产业的发展，我们可以采取以下策略。与相关行业、时尚品牌及设计师等建立合作联盟，进行深度跨界合作，共同进行创新设计、市场推广及业务拓展。与高校等教育机构建立合作关系，共同培养汉绣人才，通过合作为设计师提供更多的创意灵感和素材，帮助他们更好地了解和掌握汉绣技艺，从而为汉绣的传承和发展注入新的活力。与企业和机构开展合作，共同开发汉绣产品，与时尚品牌合作，将汉绣这一传统元素融入现代时尚设计，让汉绣产品更加符合现代消费者的需求，同时也有助于提高汉绣产品的知名度和市场占有率。与政府部门、相关行业协会等建立合作关系，共同推动汉绣产业更好地发展，通过政策扶持、行业培训、市场推广等多种手段，为汉绣产业创造更好的发展环境。

（六）路径之六：形成汉绣特色品牌体系

汉绣，作为中国传统刺绣艺术的瑰宝，蕴含着丰富的文化内涵和独特的审美价值。为了明确汉绣品牌的定位，必须考虑目标市场、消费者群体及产品特性等因素，并据此构建适应不同市场需求的汉绣品牌体系。针对追求高端收藏的消费者，应推出具有卓越品质和艺术价值的汉绣品牌，邀请著名设计师或艺术家创作专属作品，增强品牌的艺术感和文化底蕴。针对传统文化和艺术品有需求的日常消费者，可以通过设计独特的 LOGO、包装和宣传语等元素，来塑造中端汉绣品牌的形象。针对旅游景区等场所的大众消费市场，我们还应开发具有纪念意义的汉绣品牌。最终，形成各具特色的汉绣品牌体系。

（七）路径之七：汉绣未来市场的宣传推广

讲好汉绣故事并塑造汉绣 IP 形象，是我们面临的重要课题。在此过程中，我们必须清晰地认识到汉绣应坚守的核心价值以及应探索的新发展方向。其一，汉绣核心的传统文化特质必须得到传承与保护，汉绣工作者的初心不会改变，唯有坚守优秀传统文化，汉绣艺术才能历久弥新，绽放光彩。其二，在保持汉绣传统文化特质不变的前提下，深入挖掘并展现其独特的文化亮点及多样化的表现形式。笔者的理念是，传统文化基本元素不变，形态可变，表现方法可变，色彩可变。变中不离传统，传统融入生活。传统手艺的表达与市场需求不是泾渭分明的，而应该是相辅相成、共同促进的，当下讲好汉绣故事，并依托传统文化的创新与新思维的融入，才是手工艺人实现真正传承与发展的关键所在。汉绣应该与时代接轨，我们需要挖掘多方渠道，让汉绣能够传达出既有情感深度又富有创意变化的信息，让大众能听、愿听、想听汉绣故事。只有这样，汉绣宣传之路才能走得更远。

（八）路径之八：国际化交流与海外拓展

在当今全球化的时代背景下，国际交流与市场拓展已经成为汉绣文化传承与发展的重要途径。为了更好地弘扬汉绣文化，我们需要积极地参与国际文化交流活动，如国际性的刺绣艺术节、刺绣比赛、绣品展览等，以展示汉绣艺术的魅力。此外，我们还可以利用国际时装周等高端时尚活动，巧妙地将汉绣元素融入时尚设计之中，使汉绣成为引领国际时尚潮流的亮丽风景线。

在积极参与国际交流活动的同时应不断拓展海外市场，将汉绣作品推向世界各地。这不仅有助于提高汉绣在国际舞台上的影响力，还能为汉绣产业带来更多的经济效益。为此，可以建立国际营销网络，通过与国际知名时尚品牌、设计师合作，将汉绣作品引入全球各地的专卖店、百货商场等，让更多人了解和感受汉绣的美。

另外，应开展汉绣产品的海外推广活动，在国际时尚周、艺术节等活动中展示汉绣作品，吸引国际媒体和民众的关注。邀请外国设计师来华学习汉绣技艺，激发他们的创新设计灵感。加强与国际知名艺术学院、设计机构合作，共同开展汉绣艺术研究、设计创作等项目。通过合作交流，进一步提高汉绣艺术在国际上的认可度和影响力。

这些创新路径有助于保持汉绣传统艺术的独特魅力，推动其市场化发展和活态传承，使汉绣在当代社会中焕发新的生机和活力。

武汉杂技篇

一、非遗档案

（一）历史渊源

1. 诞生背景

清道光二十年（1840年），湖北天门、沔阳等地就有民间杂技艺人到武汉街头卖艺，后来逐渐形成班社登上舞台演出。汉口后湖地区常聚有民间艺人露天卖艺，他们表演杂技、戏法、驯兽等。

清代晚期至民国年间，全国各杂技班社纷纷来到武汉演出。史料记载，前前后后有30多个来自全国各地的杂技社团到武汉"跑码头"。

1919年，汉口民众乐园（新市场）开业后，雍和厅成为杂技表演中心，每天轮换演出杂技节目20多个。抗日战争前后，来武汉表演的杂技团体有50多个。武汉解放后，众多由著名杂技家、魔术师领衔的杂技团体在民众乐园固定演出，一时间武汉杂技传播甚广，这为武汉杂技的传承与发展奠定了基础。

1953年，武汉杂技团正式成立，1960年前后，武昌区杂技团、江岸区民艺杂技团和中山公园驯化动物团先后划入该团，为武汉杂技进一步发展打下了坚实基础。

20世纪90年代，武汉建成全国一流的杂技厅，多次举办国内外大型杂技竞演活动，并于1992年创办了中国武汉国际杂技艺术节，截至2023年已成功举办了14届。

2014年，武汉杂技作为一种传统体育、游艺与杂技项目，经国务院批准列入第四批国家级非物质文化遗产代表性项目名录。

武汉杂技团成立70多年来，经过几代人的不懈努力，已发展成为具有浓郁楚风汉味艺术特色并享誉国内外的著名杂技艺术团体，培养出一大批优秀的杂技艺术家，其足迹遍及我国大江南北，多次赴五大洲150多个国家和地区访（商）演。武汉杂技团先后创作演出了《顶碗》《咬花》《椅子造型》《大跳板》《转碟》《浪桥飞人》《空中飞人》《双层定车》《双杠杆》《驯熊猫》《蹦床蹬人》《车技》

等一大批杂技节目,以及《宝剑刺牌》《花瓶与荷花》《顶桶》《打帽子》《拍皮球》等魔术滑稽节目,同时发展了《驯狮熊》《驯狮虎》等马戏驯兽节目。

《车技》节目演出照

总的来说,武汉杂技的诞生是多元的,它融合汉代的宫廷艺术、唐代的丝绸之路文化、清末民初的商业文化及现代社会文化,形成了具有独特魅力的表演艺术。

2. 发展历史

武汉杂技是湖北武汉的传统表演艺术,有着悠久的历史。武汉杂技的起源可以追溯到汉代,当时的表演形式主要是杂技、歌舞、幻术等。到了唐代,武汉杂技开始积极吸纳外来文化元素,逐步融合并发展形成了独具特色的表演艺术形式。清朝末期,武汉杂技进入了繁荣时期。当时,武汉是长江流域的重要商贸城市,吸引了大量的外地商人和艺人。这些外来的商人和艺人带来了各式各样的杂技节目和技艺,本地的杂技艺人与他们交流、学习,使得武汉杂技的表演形式更加丰富多样。民国时期,武汉杂技继续发展,形成了诸如"黄鹤楼""武汉杂技团"等许多著名的杂技班子。这些杂技班子在全国各地巡回演出,极大地提升了武汉杂技的知名度和影响力。中华人民共和国成立后,源于荆楚大地的武汉杂技得到了更加繁荣的发展。

在这一百多年的发展历程中,武汉杂技经历了南北文化的交融以及时间的洗礼，不断传承与发展、积累与融合，向大众展现出其独具特色的艺术魅力。历史的沉淀丰富了武汉杂技的传统内涵，增添了其深厚的文化底蕴。武汉凭借"九省通衢"的优势，逐渐成为长江流域传统杂技荟萃的中心。武汉杂技作为珍贵的非物质文化遗产，需要一代又一代人保护、传承与发扬，在推动武汉杂技发展的过程中，需要与时俱进，从实际出发，始终坚持在创新的道路上不断前进，让武汉杂技这一优秀的传统文化技艺永远保持艺术活力。经过一百多年的传承与创新，武汉杂技已发展成为集杂技、魔术、马戏、滑稽等多种艺术形式于一体的杂技文化品牌。

（二）技艺特点

1. 技艺交融、艳丽恢宏

武汉杂技以技艺交融、艳丽恢宏的风格著称，既精心打磨单项节目的细节，又强调集体表演的宏伟气魄。例如，《大跳板》和《空中飞人》等节目展现了惊险壮观、卓越非凡的高难度技巧，蕴含了对人类智慧与勇气的颂扬，体现了荆楚艺术的壮美。再如，《顶碗》《转碟》等节目，展现了浓郁的民族风情，呈现出柔美而流畅的韵味，与荆楚艺术蕴含的生命力和灵动之美相得益彰。

2. 以"顶""翻"见长

武汉杂技团在顶技和翻技方面展现出了独有的特色。所谓"顶"，指的是倒立技艺，演员们以双手或单手支撑，倒立于叠放的椅子、活动梯子或其他辅助道具之上，同时进行各种高难度的表演。至于"翻"，则是指翻筋斗，类似于京剧演员所展示的那样，演员们以迅雷不及掩耳之势翻转跳跃，头脚迅速转换，令人目不暇接。武汉杂技团在这些技艺上的表现尤为出色，特别是著名杂技表演艺术家夏菊花表演的《顶碗》，尽管难度极高，但她依然能够从容不迫，动作精准而灵巧，展现了非凡的技艺。

3. 生活气息与险稳动静

武汉杂技团在演出中巧妙地运用日常用品和劳动工具作为表演道具，诸如碗、盘、坛、盅、绳索、鞭子、叉子、竹竿、梯子、桌椅、伞和帽子等，这些原本普通的物品，在中国杂技表演艺术家的精湛技艺下，被赋予了无穷的变化与形态，充分体现了中国杂技与劳动生活的紧密联系。这种表演手法不仅增强了杂技的视觉吸引力和娱乐性，还让观众在观看的过程中，感受到生活的美好和乐趣。此外，武汉杂技团在表演中始终追求在惊险中寻求稳定、在动态中寻求宁静的艺术境界。演员们通过无数次的刻苦训练，凭借精湛的技艺，展现了冷静、机智和精准的表演，让观众领略杂技艺术的独特魅力。

4. 传承与创新并重

武汉杂技团在继承中国传统杂技艺术精髓的同时，不断探索创新之路，推动了杂技艺术的发展。该团成功地创新和发展了包括《顶碗》《转碟》《椅子造型》《空中飞人》等众多杰出的杂技节目，为中国杂技艺术的繁荣作出了显著的贡献。此外，武汉杂技团还致力于培养新一代杂技艺术家，为杂技艺术的持续传承和发展注入新的活力。

（三）艺术价值

武汉杂技，作为中国杂技的重要组成部分，以其独特的艺术魅力和广泛的群众基础，赢得了国内外观众的高度赞誉。它的艺术价值主要体现在以下几个方面。

1. 独特的艺术风格

首先，武汉杂技的艺术风格体现在深厚的地域文化特色上。武汉是一座拥有着悠久历史和独特文化的城市，各种艺术形式在这里交流融合。武汉杂技在这种文化氛围中孕育而生，自然而然地融入了这种独特的地域风格。

其次，武汉杂技的艺术风格还体现在民间气息上。武汉杂技深深扎根于民间，汲取了民间的智慧和力量。它的表演形式多样，既有高超的技艺展示，也有生动的故事展现。

最后，武汉杂技的艺术风格还体现在它对武术、舞蹈、音乐等多种艺术形式的融合上。武汉杂技表演不仅有技艺的展示，还融入了优美的舞蹈与和谐的音乐旋律。多元艺术形式的融合，使武汉杂技的艺术风格更加丰富。

总的来说，武汉杂技是深厚的地域文化特色、民间气息、多元艺术形式融合的体现。这些都使武汉杂技的艺术价值得以提升，使其在世界艺术舞台上独树一帜。

2. 精湛的技艺

在武汉这座充满活力与创新的城市，武汉杂技团的杂技演员们，凭借着自己的高超技艺和敬业精神，为观众带来了一场又一场精彩绝伦的表演。这些技艺精湛的演员们，不仅展示了他们对自己职业的热爱，更展示了武汉杂技的独特魅力。

武汉杂技表演涵盖了各种各样的杂技项目，如走钢丝、空中飞人、杂技魔术等，每一个项目都展现出了杂技演员们精湛的技艺和对艺术的追求。在走钢丝表演中，演员们在细如发丝的钢丝上行走自如，展现出了他们惊人的平衡力和胆量；在空中飞人表演中，演员们在空中做出各种高难度动作，让人叹为观止；而在杂技魔术表演中，演员们则用神奇的魔术手法和技巧，为观众呈现出奇妙的视觉场景。

杂技演员们在舞台上所展示的每一个动作，都是无数次的刻苦练习和磨炼的成果。他们用自己的汗水和努力，为观众带来了精彩的表演。他们的敬业精神和对艺术的执着追求，使得武汉杂技在国内外享有盛誉。

3. 文化传承与多元融合创新

武汉杂技融合楚风汉味和现代元素，以技巧、情节和趣味为表现形式，融入舞蹈、戏剧等元素，形成了具有多元文化特色的艺术风格。武汉杂技带给观众一系列题材广泛、形式多样的作品，作品内容涵盖了生活百态、历史故事、神话传说等多个方面，既有对现实生活的反映，也有对传统文化的传承，这些杂技作品不仅具有观赏性，更具有深刻的教育意义。

武汉杂技在传承传统文化精髓的同时，也不断进行创新，推出了原创杂技剧《江城》《英雄之城》等具有地方特色的作品，这些作品巧妙融合了传统与现代杂技的表演形式，生动展现了武汉人民在抗洪斗争中的勇敢和坚韧，以及面对疫情时的团结和互助。这些作品不仅展现了武汉杂技的高超技艺，也展现了新时代武汉人的生活态度和精神风貌。

4. 国内外的影响力和荣誉

武汉杂技团在国内外比赛中获得了多项荣誉，如获得蒙特卡洛国际马戏节"金小丑"奖、法国"明日"世界杂技节金奖、中国杂技金菊奖等，这些奖项都体现了武汉杂技团雄厚的实力和影响力。

武汉杂技团以其独特的艺术魅力和精湛的技艺，赢得了世界各地观众的赞誉。在国际舞台上，武汉杂技展现出了中国文化的独特魅力，让世界各地的人们都见证了中国文化与经济的蓬勃发展。武汉杂技在国际舞台上的成功，不仅提升了中国杂技的国际地位，也为世界文化交流提供了一个窗口，世界各地的人们可以更加深入地了解中国文化，感受中国文化的博大精深，同时，也促进了世界各地的艺术家们的交流学习，实现共同进步。

武汉杂技在国际舞台上的影响力还表现在对全球文化产业的推动作用上。随着武汉杂技在国际舞台上的成功，越来越多的国外观众对中国文化产生了浓厚的兴趣，这无疑为中国文化产业的发展带来了巨大的机遇。同时，武汉杂技的成功也为中国其他艺术的发展提供了借鉴，为中国文化产业的全球化发展奠定了基础。

二、见证

夏菊花：武汉杂技国家级非遗代表性传承人，国家一级演员，著名杂技表演艺术家，享誉国际的杂技艺术大师。1957年，她表演的《顶碗》在第六届世界青年与学生和平友谊联欢节上荣获金质奖章。她的《顶碗》和《柔术咬花》已成为中国杂技的经典。她曾多次到世界各国巡演，被西方媒体誉为"顶碗皇后""杂技皇后"。

吴卫民：武汉杂技省级非遗代表性传承人，国家一级演员，著名杂技、滑稽表演艺术家，是一位文武双全且多才多艺的杂技、滑稽表演大师。

周德平：武汉杂技省级非遗代表性传承人，国家一级演员，杂技表演艺术家，武汉杂技艺术顾问，是《车技》《飞车顶杆》等节目的优秀传承人。

汤柏林：武汉杂技市级非遗代表性传承人，国家一级演员，杂技表演艺术家，杂技道具设计制作大师，是《爬杆》《大武术》等节目的优秀传承人。

何忠杰：武汉杂技市级非遗代表性传承人，国家一级演员，杂技、滑稽表演艺术家，武汉杂技非遗顾问，编著《足迹五洲 享誉四海——武汉杂技团出访演出散记》，是武汉杂技非遗工作专家。

华乐：武汉杂技市级非遗代表性传承人，国家一级演员，杂技表演艺术家，武汉杂技创研部主任，武汉杂技创新节目主要创作人，是《大跳板》《蹬人》等节目的优秀传承人。

武颖:武汉杂技市级非遗代表性传承人,国家一级演员,杂技表演艺术家,"顶碗"第四代传承人,是《顶碗》《柔术》节目的主要创作人和主教老师。

李莉萍:杂技表演艺术家,"顶碗"第四代传承人,1983年创作演出的《柔术顶碗》节目,荣获蒙特卡洛国际马戏节"金小丑"奖。

(一)吴松涛:杂技里的魔术大师

吴松涛,国家一级演员,是笔者在武汉杂技团最早认识的一位艺术大师,也是2014年一起出访蒙古国首都乌兰巴托的战友。当时武汉非遗走进乌兰巴托展由笔者牵头当地布展等事宜。在从武汉出发的飞机上,随团一起出访表演的吴松涛给笔者留下了深刻的印象。他外表朴素,言语却幽默风趣,时不时地讲一些小笑话让大家捧腹大笑,是出访团里最引人注目的人,一路上大家谈笑风生,相处非常愉快。演出之夜,台上的他霸气十足,魔术表演技

吴松涛魔术剧照(一)

艺精湛,与前一天平平无奇的形象形成强烈反差,使笔者见识到了一位国家级艺术家的风采。吴松涛的经历,特别是他从杂技演员成功转型为魔术表演艺术家的过程,以及他在对外交流中分享的趣事,让笔者对武汉杂技艺术有了更多的了解。

吴松涛魔术剧照(二)

（以下内容根据吴松涛采访调研口述整理）

1. 坚持——直播练功

我于1979年进入武汉杂技团，1992年开始学习魔术。在我看来，一个杂技演员扎实的基本功是从事这一行的敲门砖。我们团队对学员的基本功要求较高，即使是从杂技学校引进的有一定基础的学员，也要在我们团专业老师的指导下接受更为深入和系统的技能培训。学员就像是"原材料"，我们还需要通过舞台设计、灯光效果等环节"包装"他们，给他们编排节目，让他们演出。正是因为团里的高标准、严要求，我们的学员取得了不少荣誉。

曾在上海迪士尼乐园演出的武汉杂技团人员，有差不多100人，每天要演出8场。现实非常残酷，杂技演员一旦受伤或患病，长期没有持续练习，导致杂技技艺生疏，就没法继续从事杂技表演。因此，他们在结束迪士尼乐园的演出任务返回后，由于各种原因，未能再推出新的表演节目。

对于杂技演员来说，一日不练功，技艺就会荒废。疫情期间，团里演员建了一个微信群，大家每天直播练功，就像学生在家上网课一样，大家相互监督，不能因为疫情就荒废了训练，"业精于勤荒于嬉"用在他们身上是非常的贴切。

2. 星辰——腾飞的起点

中国对外演出公司（官方机构）是一家致力于文化输入输出的机构，武汉杂技也被其成功带出国门，走向世界。有段时期我们经常在国外进行杂技表演，时间从6个月、10个月乃至13个月都有，通常都是在如美国、德国、西班牙、法国、英国等发达国家和地区演出。

欧洲最大的荷兰星辰演出公司对中国人特别友好，称夏菊花为"世界杂技之母"。改革开放之初，星辰演出公司老板梅登将武汉杂技引进欧洲，当时由夏菊花带队。那时当地剧院只要有武汉杂技团的节目，必定场场爆满，很多人专程过来观看，整个剧场被围得水泄不通，最后不得不加售板凳票和地铺票以满足观众的热烈需求。

梅登曾是一名记者，他在欧洲大力推广武汉杂技，使得武汉杂技在欧洲成为传奇。《加勒比海盗3》上映后，梅登请比利时的导演来编排节目，特邀欧洲知名服装设计师为演员们量身定制服装。此外，他还联系电视台参与剧本的策划编排，并将这些资源带到武汉。我们的节目在阿姆斯特丹的卡雷皇家剧院惊艳亮相，一炮而红。2007年，我们的演出足迹遍布欧洲各地，策划团队别出心裁，设计了一幅混血儿剧照作为海报，悬挂在剧院顶部，这一创意宣传效果非常好，吸引了成千上万的人前来排队购票观看。我们的演出从荷兰到比利时，之后又到达德国，德国演出完后，原计划去奥地利继续巡演，但因为某些原因，我们提前回国了。当时我们在国外总共停留了大约13个月，演出在国外赢得了极高的赞誉和反响。

《加勒比海盗》剧目演出照

3. 日常——国外的武汉风味餐

我们一行四五十人的演员团队到国外演出，面临的一个较为实际的问题是饮食习惯与西方国家有显著差异。尽管我们住的都是三星级以上的酒店，条件比较好，但酒店提供的西餐并不符合中国人的口味，不能满足我们的饮食需求。西餐大多是冷的，但中国人爱吃热饭热菜，所以我们要靠自己解决饮食问题，于是决定自己买菜做饭。团里一直都实行军事化管理，这一任务由团长带着我和另一个稍微年长的跳板演员负责。在了解了大家想吃什么后，我们三人组成一个小分队，出去打听菜场的地址、菜价等信息，我负责采购，团长负责付钱，跳板演员爱好烹饪且厨艺不错，可以为大家做饭。每到一个城市，我们早上都会先去买菜，使用推车和从国内带来的两辆自行车将食材运回酒店。菜买回来不急着做饭，孩子们先练功，失误的孩子罚练十个动作。孩子们练完功后，所有人一起淘米、洗菜，大家一起帮忙做饭，虽然做出来的算不上美味佳肴，但百分百的武汉口味，大家吃饱了以后，对家乡的思念也减轻了许多。

通常我们下午六点吃晚饭，之后演员就去化妆或休息，晚上九点开演。最愉快、最热闹的是演完后的那段时间，大家一起回到酒店，开心得像过年一样。有的演员想换换口味，自己跑到超市去买牛肉、鸡肉、香肠等，大家相互串门，一起吃火锅，像这样的小联欢差不多进行到凌晨两点多，演员们就回房间睡觉，一天就这样愉快地结束了。

在国外演出期间，我们每周一都会休息，这时演出商会就带着我们出去游玩，并为我们安排一顿中餐。下午五六点回来后大家可以自由活动。我们大约在一个城市停留 14 天，就像国内我们到各个城市巡回演出一样，这就是我们在国外演出的生活状态。

4. 幕后——不一样的风土人情

我们团曾与美国哥伦比亚演出公司合作，合作期间，演员们只需专注于杂技表演，其他事务一概无需操心。那时，我们的足迹遍布美国 70% 的城市，有时候甚至一天换一个城市。比如某天晚上，一辆奔驰商务车载着我们，从这个城市到另外一个城市，一般抵达时接近凌晨两点，早上安排休息，当天晚上正常演出。有时，演完也许不走了，就住在酒店，第三天清早开车再到下一个城市，这样的行程安排得非常紧密，实现了合理对接。

令我印象深刻的是，在海外演出，我们的箱子始终被安排在固定的位置，且按序号排列，很轻松就能找到。另外，那里的食物分量也十分充足。驱车前往各地的途中，我们常在沃尔玛、山姆会员店停车休息，停留时间足够我们购物或处理个人事务。司机们也非常善解人意，常常主动询问并带我们前往心仪的购物地点。他们深信，唯有演员们感觉舒适、满意时，才能在舞台上展现出最佳的状态。由此可见，这类演出管理模式体现了相当高的人性化关怀水平。

我们在西班牙演出时，常常会受邀到剧场看当地演出。当地的演员也会教我们的团员跳弗拉明戈，也算是一种文化交流吧。

从2004年开始，我们团去了西班牙3次，总共在那里待了大约两年的时间。在这段时间里，我们学会了一些基本的生活语言。另外，我们还去过德国、葡萄牙等国家，每个国家和城市的风土人情都不尽相同。每个地区都有自己的方言，我觉得这些不同地区的语言很有意思，有的语言听着像英语但又不是英语，地方口音比较重。

5. 暖心——异国他乡的"送鱼朋友"

在法国一座城市演出期间，我遇到了一位波兰籍的工作人员，他十分热衷钓鱼。某日，这位工作人员去河边垂钓，竟捕获了一条体长超过一米、几乎与人等高的大鱼。他慷慨地将这条大鱼赠送给了我们，这条大鱼成了我们四十多位团员的佳肴。不仅如此，他又将后来钓到的四五条海鱼同样毫不吝啬地分享给了我们。

某次演出结束后次日，我们在厨房后方意外发现多出了一大批菜品。这些菜品原本储存在邮轮上一个庞大的储存区内，是需要从冰库中取出以供日常更换的。然而，在看到中国演出团的辛勤付出后，工作人员深受感动，慷慨地将这些菜品赠予中国朋友们享用。这些来自异国他乡友人们的暖心举动，让我们深受感动。

6. 乌龙——台风打造的免费广告

在西班牙的特内里费岛上，我们经历了一件难忘的事情。我们提前一个月就开始紧张地筹备和排练，每天晚上彩排，第二天就演出。可是，就在演出前夜，门票全卖光的时候，我们突然接到一个紧急消息：所有的道具、灯光和音响都不要动，演员们马上回酒店。这突如其来的消息让我们都愣了，后来才知道是因为台风要来了。

我们住在海岛上，离大海不远，演出大棚建在了山顶上。虽然我们早就听说过台风很厉害，但从来没亲身经历过。在室外我们感受到了大自然的强大力量，连海上的船员都吓得跑到酒店里躲起来了。

第二天台风更加猛烈，风大得把车辆都吹翻了，屋顶也给掀了，我们所住的酒店也遭遇停电。电力恢复后，我们急忙赶往演出大棚，现场一片狼藉，道具、灯光、音响设备都被台风卷走，就剩棚顶在风中飘荡，演出服也散落得到处都是。没办法，我们四十余人只能分头行动寻找那些重要的演出装备。

更麻烦的是，我们的日常服装也放在道具箱中，一起被台风卷走了。一时间，我们连日常换洗衣物都找不到。还好，我们最后努力找回了一部分道具和演出服。但遗憾的是，板凳、灯光、音响这些设备都损坏或遗失了，演出只能取消。

好在出发前，演出人员已购买了保险，这在一定程度上减轻了经济损失。这场台风给演出造成了无法弥补的遗憾，也让我深刻体会到了大自然的威力。

就在我们为遭遇台风而抱怨时，一个关于中国杂技团遇到台风，演出服满天飞，大棚吹成"丝瓜瓤子"的报道在当地传开，给我们做了免费广告。岛上的人都知道了我们，随后我们在这个岛上的演出场场爆满。拉斯帕尔马斯的人们知道这个消息后，也邀请我们去演出。现在想起这件事情，我仍然有些哭笑不得，谁又知道我们会因为一场台风而因祸得福呢。

（二）武颖：我与武汉杂技共成长

（以下内容根据武颖访谈口述整理）

我是1974年出生的，1980年进入杂技团。我那时差不多6岁，年纪挺小的，对于杂技一无所知，当时杂技老师到学校挑选学生，觉得我的身体条件不错，挺适合学习杂技的，就这样我和杂技结了缘。我在杂技团做了5年学员，2003年从事杂技教育工作，现在虽已退休但返聘继续从事杂技教育工作。

武颖演出剧照

　　武汉杂技团的老师们到幼儿园、小学、中学招生，主要查看学生的身体条件，如腰腿、手臂要直，骨骼发育要良好，双腿并拢不能有缝等，就和招体操运动员的标准一样，因为杂技和体操有很多相同之处，都讲究肢体协调、身形优美。1986年杂技非常受欢迎，有3000～4000人报名参加海选，老师们现场筛选，筛选标准涵盖腿的比例、骨骼的开合度、面相等方面。招进来的学生先进行短期的业余训练再次筛选，最后大约只留下40人。

　　自2003年最后一批自主招生以后，因政策原因，就没有再招生了。我记得那个时候想进杂技团的武汉本地人还比较多，后来由于各种因素，本地人就比较少了。2014年以后杂技团以外地招生为主，我们到全国各地的杂技学校（有的叫艺术学校，这些艺术学校有杂技专业）招生，与河北、北京、广西等地的杂技学校都有合作，储备人才。招生时可以招年纪小一点的，基础好的差不多需要培养一年，完全没有基础的需要三年左右的培养时间，所以说，杂技人才的培养时间还是比较长的，而且投入较大。两次招生时间至少要间隔6年。此外，排练一个杂技节目的耗时也较长，由于表演的位置不同，我们需要寻找擅长不同杂技技能的学生，如身材娇小、灵活的学生适合在上面表演，体格健壮的学生适合在下面作为"底座"，所以引进人才时，应根据实际情况因势利导，做出最适合的安排。

杂技演员的艺术表演生涯相对较短，因为这一行业对演员身体素质的要求很高。随着年龄的增长，演员身体逐渐难以承受高强度的训练和表演，竞技状态下滑，加之腰椎、颈椎等方面的职业病和身体硬性损伤的累积，这些因素限制了他们艺术生涯的发展。以前杂技演员可能在三十至四十岁，甚至五十岁才考虑退役，现在这一年龄提前，许多杂技演员在二十几岁，最多三十岁就不得不退役。女演员到了一定的年龄或者步入婚姻生育阶段，很多人可能会选择离开这个行业，转而从事其他职业。同样，当个人业务能力难以达到行业发展要求时，也会迫使他们离开。

其实在我的杂技艺术生涯中，离不开老师的悉心指导。从一个杂技学员，到登台演出，再到现在成为老师培养杂技人才，回想起这些，我的内心还是有很深的感触的。

记得 2008 年，武汉杂技团代表中国艺术团，随同国家主席参加在塔吉克斯坦首都杜尚别举办的五国首脑峰会。那是我第一次作为老师带着学生去参加这么重要的活动。其实参加峰会前，节目审核是非常严格的，我们在人民大会堂经过了层层筛选，在全国那么多的杂技团的激烈竞争中，武汉杂技团最终脱颖而出。此次任务的成功以及重要性，在我心中激起了一种强烈的使命感。

当时参加会议的人员主要来自周边国家，由于我国向这些国家提供了援建支持，他们对我们非常友好。我记得那些周边国家所表演的节目内容比较相似，而我们表演的武汉杂技让外国友人眼前一亮，对杂技充满无限好奇与赞叹。演出后台的楼梯设计为双螺旋形，舞台在中间，布局类似百老汇歌剧院的经典舞台，我带着九个杂技小演员在舞台中间练功时，瞬间吸引了来自其他国家的艺术团演员的目光，他们都来观看武汉杂技团小演员练功，从一楼到五楼，楼梯上全都是围观的人，他们都为小演员的杂技技艺所震撼。这一幕异国他乡的情景，至今我仍记忆犹新。

现在，我还是在带学生，学生在杂技团里的学习模式与校园类似，他们一般会按照团里的时间安排进行基本功训练和节目排练，这些都有详细的课程计划表。基本功课主要是一些基本功项目的训练，如柔术、顶碗、单手顶等。从进入杂技团到能够登台演出，成为正式的演员需要五至六年的系统学习，最后还要实习一年，才能正式毕业。在教学安排上，一般是前三年打下坚实的基础，之后的几年再不断提高技艺。

我当时带了一个学生,名叫米灵芝,十二三岁,我对这个小姑娘印象挺深刻的。她来的时候就有了一定的柔术基础,我带了她五年,教给她一些更为深入的基本功,如单手顶等。她先天条件不错,练功也很刻苦。在指导她的过程中,我也在不停地变换训练方式,对于一些可能会影响学生身体发育的动作,我采用了替换动作,确保训练的科学性与安全性,尽量保护杂技学生的身心健康。

米灵芝演出剧照

2015年9月,团里第一次从河北吴桥引进杂技人才,规模最大的一次引进了二十几个人。他们和米灵芝一样,之前也在杂技学校学习,具备一定的杂技基础,但相较于我们团的标准,他们在规范和技巧方面还是有一些不足。因此,我们根据学员的自身条件,有针对性地开展训练。在为期一年的集训中,我们因材施教,并在此基础上重新编排新节目。为了给学员营造一个舒适的生活环境,团里还特地为学员修建新食堂,宿舍里配备新的衣柜、床,设立独立卫生间,并安装了空调。我们实行人性化管理,特别为女生安排了生活老师。同时,聘请文化课老师给学员补习文化知识,确保他们全面发展。我们尽量为学员提供良好的条件,在这方面的投入就花了上百万元。很多团没有我们这样的环境,现在我们人才引进部同事在招学生时,会详细介绍我们的餐饮情况、学员宿舍及练功环境等,充分展示我们团对学生的温暖与关爱。

（三）陈哲：我为武汉杂技发声

（以下内容根据陈哲访谈口述整理）

我出生于1985年，是本团的1994级学员，现在主要从事武汉杂技非物质文化遗产保护与传承的相关工作。我在杂技行业工作有些年头，对于武汉杂技的传承与发展，也有一些心得。

首先，从历史渊源角度出发，武汉杂技发源于长江中下游地区，极具地域文化特色。武汉"九省通衢"，交通便利，很多来自五湖四海的民间杂耍艺人、戏班子、资深的专业表演艺人都来到武汉，切磋技艺。民众乐园每周都有杂技表演，武汉杂技已经成为一种专业而系统的表演技艺。

其次，对于武汉杂技来说，技艺是核心。观众所看到的完整的杂技节目，如果拆解开来，其实是由杂技的各项基本门类构成的。这些门类所包含的技艺是恒定的，构成了杂技节目的基础。具体来说，武汉杂技有五大门类，即高空杂技、地面杂技、驯兽杂技、滑稽杂技、魔术杂技，而且不同的门类所涉及的范围也很广，体现了武汉杂技的全面性和专业性。我们的杂技节目由专门的导演根据主题形式和杂技演员的特点及实际情况打造编排，通过舞美、音乐、服装、灯光等进行包装，从而使杂技节目在基本技艺不变的情况下，也可以呈现出异彩纷呈的舞台效果。

最后，我们的节目讲究多元化，会根据观众的喜好来调整。一般来说，高空节目比地面节目受欢迎，对于小孩子来说，驯兽节目比其他节目更吸引人。我个人喜欢动态化、节奏快的杂技节目，比如《钻圈》等。就目前来说，我们团的演出有三种类型：第一种是传承的节目，这也是武汉杂技团最有特色的节目，武汉杂技团过去也是凭借这些节目打开知名度，对于这些传统节目，我们不仅不会抛弃，而且还会尽力保护和传承这些杂技技艺；第二种是随着时代和市场变化而创造的新节目，如《飞轮炫技》（2014年）、《黄包车》（2016年）、《寒梅疏影》（2018年）；第三种是外来节目，比如我们团的《大跳板》就是经典之作，享誉全国。杂技团集体节目具有很大的优势，我们团不仅集体节目种类多，而且综合实力强，发展速度快。一方面，集体节目需要身材魁梧、体格健壮、有力量的演员，称为"底座"，起稳固支撑作用，为其他演员的跳跃和表演提供坚实的平台；另一方面，集体节目还需要一些娇小、体重较轻、身手灵活、擅长翻腾跳跃的演员，称为"尖子"，进行各种高难度的表演。

杂技《黄包车》剧照

杂技《寒梅疏影》剧照

此外，我们还有一个至关重要的优势：传承的团队精神（作风）。团里实行半军事化管理，采用团带班模式，与外面引进的管理模式不一样。过去，大家一起出国演出，团里从没出现过迟到早退、懈怠散漫的现象，正是凭借这种优良作风与精湛的杂技技艺，我们屡获殊荣，成为多次成功走出国门的大型文艺团体。那个年代，武汉杂技团相当于是"免检产品"，领导们对于武汉杂技团的节目质量相当放心。现在，随着社会渠道的丰富以及信息化发展，引进人才的不可控因素比较多，还没来得及约束，人才就流失了，演员对于团队的归属感比较淡薄。

当然，目前武汉杂技也面临着一些困境。

首先是人才短缺的问题。培养杂技人才非常不容易，再加上人才流失率大，容易导致断代。现在我们团主要是每三年引进一批学生，如果团里有"底座""尖子"等角色的需求，也会单独引进人才，或者到体院等机构招人等。

《车技》节目剧照（中间"底座"为陈哲）

2019年7月，我们团从广西引进了大约20名学生，其中男生多一些。这些学生虽然有一定基础，但当时和我们团的风格并不完全融合，后来经过调整适应，他们顺利融入团队，参与了为庆祝建党一百周年所筹备的晚会排练。此外，本团和上海迪士尼乐园进行了合作，委派了三个队，差不多100名演员，他们在那里驻场表演长达3年。鉴于杂技具有极高的专业性，为了适应市场需求，团里直接从杂技学校引进人才，再对这些引进人才进行打磨，使其能够适应武汉杂技团的节奏和风格。简单来说就是对人才资源的深度挖掘和再加工。

　　其次是社会关注度问题。在选择行业时，除了考虑收入，大众还会考虑这个行业是否"体面"。现在社会大众对于杂技的理解往往停留在表面，真正了解的人很少。很多年轻人不愿意从事这个行当，可能是因为杂技所带来的事业幸福感和成就感没有其他行业那么明显。其实，杂技本身所包含的惊险刺激的元素，对于年轻人来说，吸引力还是较大的。要想让当下年轻人了解杂技、喜欢杂技，我们需要在营销推广上做出改变：拓宽大众接触杂技的渠道，比如开设微信公众号，利用这一平台传播武汉杂技相关信息；实施"杂技进校园"项目，将趣味性强的杂技节目引入学校，让更多的人了解杂技，提高他们对杂技的认知和兴趣，另外，这还有助于推广武汉杂技演出季，提高武汉杂技的品牌影响力。当前，国家强调坚定文化自信，我们也尝试了多种新的杂技传播方式和运营模式。2009年，为推广楚文化，我们团与武汉市旅游局（现变更为武汉市文化和旅游局）合作推出了大型楚文化杂技节目《梦幻九歌》，于当年的每个双休日在武汉杂技厅上演。我们将杂技演出门票和旅游景点门票作为套票打包销售，和旅游公司合作，打造旅游景点和杂技融合的特色体验，希望这种操作方式能继续进行下去。此外，我们团精心策划并自主打造了"环球大马戏嘉年华"演出季项目，自2013年立项实施以来，我们不断摸索前行，历经八年，该项目从之前的亏损项目转为现在的盈利项目。尤其在"六一"演出季，销售火爆，广受好评。目前我们的节目为一年两季的演出模式，分别为四月到六月，以及十月期间，也就是在"五一"和"十一"两大黄金假期，为观众呈现精彩的演出。

杂技《梦幻九歌》节目剧照(一)

杂技《梦幻九歌》节目剧照（二）

最后是运营模式的问题。疫情使得全球的演艺产业都遭受重创，在杂技领域，国外市场也大幅萎缩，就连著名的太阳马戏团在濒临破产时不得不"砍了"多个主题秀、变卖部分产业、大规模裁员来缓解财务压力。尽管如此，曾经作为全球杂技领域的龙头，太阳马戏团的运营模式还是值得我们借鉴和学习的地方。太阳马戏团以卓越的创意理念取胜，它相当于一个创意工坊，进行创意策划、广告宣传和市场营销。太阳马戏团没有自己的杂技演员，而是根据节目编排需求灵活构建演出团队，如果节目需要中国特色元素，它会直接招募中国演员。其运作模式是，编导先策划和打造一套主题晚会概念，再在全世界范围内招募演员，这些演员可能来自欧洲、美洲、亚洲等地，他们集中在一起排练。太阳马戏团在全球搜罗顶尖的杂技节目，在保持原有杂技技艺精髓的基础上，创新表演形式，精心包装，随后就开启全世界巡演了。其实观众对不同文化带来的交流与碰撞还是很感兴趣的，乐于欣赏来自不同地域的节目。这一方面国内做得比较好的有广州长隆、珠海长隆的马戏团，它们也会像太阳马戏团那样，引入外国演员，走国际化路线，吸引更多观众的关注。这种运营模式，就是相互学习、相互借鉴，融合不同文化元素，满足观众日益增长的审美需求。

三、点评

（一）三位武汉杂技人的坚守与转型

吴松涛是杂技演员中转型成功的一位。与大多数杂技演员一样，他年少入团，成为一名杂技演员，退役后仍然继续钻研，自学了魔术和川剧绝活变脸，成功转型，至今仍活跃在武汉杂技团的舞台上。吴松涛是国家一级演员，是值得尊敬的德艺双馨的艺术家。吴松涛通过分享他随武汉杂技团参加海外文化交流活动期间的趣闻轶事，带着我们重回那段光辉岁月，也见证了武汉杂技在国际杂坛的重要历史地位。然而，随着岁月的流逝，越来越多的杂技演员在达到退役年龄时面临转型，有的转战幕后，有的无奈告别杂技行业。如何延续武汉杂技的辉煌历史，在对外文化交流活动中持续彰显武汉杂技的魅力，保持其在世界杂坛中的重要地位，以及如何突破人员传承的瓶颈、推动节目内容与形式的创新等都是值得我们探讨与思考的问题。

武颖是一位土生土长的武汉人，是武汉杂技团当年招的那批杂技演员中的佼佼者，笔者对她选择从事杂技这一行业，以及坚持了整整四十多年的原因十分好奇。武颖笑着表示，杂技老师到学校选拔人才，觉得她的身体条件达标，就带着她进入了这个行业。在这份淡定回答的背后，笔者看到的是一个武汉杂技人对于艺术的热爱和坚持。武颖退役后，转型投身教学事业，带新学员。虽然每天的教学工作很辛苦，带学员参与海外文化交流活动时担负的责任也很重大，但她始终保持着满腔的热情，正是这份对武汉杂技的热爱，以及学生成长进步带来的满足感支撑着她一路走来。笔者相信，武颖定会桃李满天下，培养出更多优秀的杂技人才，为杂技的传承和发展做出更大的贡献。

陈哲当年经过层层选拔脱颖而出，是百里挑一的杂技演员。20世纪90年代，他进入武汉杂技团，成为一名"底座"演员。"底座"演员特指在叠罗汉、车技等需多人配合的表演项目中，位于最下层负责支撑其他演员体重的演员。这类演员往往拥有强健的体魄和出色的平衡能力，对维持整个节目的稳定性至关重要。陈哲作为"底座"，不仅需要承受上方演员的重量，还要确保自己动作的准确性和稳定性，以保障整个节目的顺利进行。退役后，他负责团里专业研究领域等工作。

（二）地域文化是武汉杂技市场传承的基础

常言道"一方水土养一方人"，武汉杂技是根植于武汉的本土杂技艺术项目，因此其繁荣发展中深受武汉地域文化和生态环境的影响，这种影响对于武汉杂技当下以及未来发展来说，有积极的推动作用。

武汉作为"九省通衢"的商业枢纽，交通便利，文化多元，呈现出一种开放包容的地域文化特征，这为武汉杂技的发展提供了市场拓展、艺术交流和人才汇集等多方面得天独厚的优势条件，这些优势条件夯实了其艺术发展与技艺提升的传承基石。

在中国古代，楚人就以广纳天下的包容情怀著称。当下，武汉巧妙融合了北方的刚劲勇猛与南方的温婉儒雅，两者互为补充。武汉杂技植根于这样的文化土壤，不仅善于汲取全国各地杂技艺术的精髓，吸纳百家之长，更能在融合创新中独树一帜，形成自己鲜明的艺术风格。武汉杂技还广纳全国杂技界的优秀人才以充实和壮大武汉杂技队伍。至此，武汉杂技虽没有吴桥杂技、聊城杂技等地方杂技的历史悠久，但凭借开放包容的情怀、勇于创新的精神，成为国家级非物质文化遗产之一，武汉杂技团也从最初零散的小班社逐步发展成为全国闻名的杂技团体。

（三）担当中外文化交流的重要桥梁

随着时代的发展，武汉杂技的世界地位受到一定冲击。虽然当前武汉杂技在国际杂坛的地位及影响力难及昨日的辉煌，但令人欣慰的是，武汉杂技在海外市场需求、国际交流合作与比赛、文化输出等方面，仍然具有一定的影响力。作为中国杂技艺术的重要组成部分，武汉杂技仍是中外文化交流的重要桥梁。

首先，海外市场需求不断增长。随着中国文化在国际上的影响力日益增强，武汉杂技作为中国文化的重要代表，受到了越来越多海外观众的关注和喜爱。武汉杂技作品展现了卓越的创新能力和前瞻意识，融入中国元素，凸显地域文化特征。例如，武汉杂技团精心编排的《寒梅疏影》杂技表演节目，以武汉的市花为题材，融入中国古典美学元素，呈现了独具魅力的艺术表现。此外，在武汉举办的武汉国际杂技节吸引了全球杂技界的广泛关注与参与。随着武汉经济的快速发展，市场对于高质量文化产品的需求会不断增长，这为武汉杂技的进一步繁荣与发展提供了广阔的空间。

其次，国际交流合作与比赛。武汉杂技积极参与国际交流与合作，已与多个国家和地区的杂技团体建立了友好合作关系。通过国际交流与合作，武汉杂技传播到世界各地，进一步提升了其国际知名度和影响力。近年来，武汉杂技在国际杂技大赛中屡获佳绩，为中国赢得了荣誉。这些不仅提升了武汉杂技在海外市场的知名度，也为武汉杂技的国际化发展提供了有力支持。

再次，文化输出成果显著。武汉杂技作为中国文化的载体，通过多元化的传播渠道传播到海外，得到了海外观众广泛的关注和喜爱。许多武汉杂技团体携作品在海外开展巡回演出，不仅获得了良好的口碑，还实现了经济效益。

最后，产业规模不断壮大。随着武汉杂技在海外市场的拓展，其产业规模也在不断壮大。除了传统的杂技表演，武汉杂技还涉及杂技培训、杂技旅游、杂技影视等多种相关领域，形成了多元化的产业体系，这些为武汉经济的繁荣和发展做出了贡献。

（四）新时代武汉杂技传承困难重重

陈哲向我们详细展示了一名杂技演员的成长轨迹，随着时代的发展及人们生活水平的不断提升，杂技仿佛离现代人们的生活越来越远。虽然武汉杂技在促进中外文化交流中占据着重要地位，但我们不得不正视一个严峻的现实，那就是武汉杂技的传承与发展正面临着专业人才、作品创新、社会认可度、社会宣传、运营模式等方面的发展壁垒，这也预示着未来的发展要面对各种困难和挑战。

1. 专业人才短缺

武汉杂技正面临着人员短缺、生源不足的尴尬局面，这也是整个中国杂技界普遍存在的严峻现实。就连有"中国杂技之乡"之称的河北吴桥等地的杂技学校，招生也面临着各种问题，前景不容乐观。武汉杂技面临的问题除了从业人员及生源匮乏，延伸至杂技作品创作人才、营销人才的短缺。究其原因，主要是随着社会经济的发展，人民生活水平提高，大多数人越来越追求舒适的生活享受，而杂技训练周期长、难度大，技艺难以速成，所以愿意从事杂技这一行业的人越来越少，后备人才不足成为杂技艺术传承与发展的最大挑战。虽然现在的杂技训练条件、演员的生活待遇都有了一定的改善，政府会发放一些生活补贴，但是想要重振杂技辉煌、吸引更多的杂技人才，这些措施还不够，武汉杂技人才短缺的状况至今仍然没有太大改变。

2. 作品创新不够

在作品创新层面，不仅技巧方面的创新不够，题材、主题方面的创新也不足。当前，全国各地的杂技表演创作如火如荼，作品数量增长显著。近年来，杂技演出市场被各种题材与主题广泛覆盖，不断有新剧上演，但深入了解后发现，大多数作品千篇一律，同质化现象普遍，技巧单一，缺乏创意。我们亟须正视并解决这一问题，打造出有品质、有创新、有思想内涵的作品，重塑武汉杂技的辉煌与魅力。

3. 社会认可度不高

杂技艺术源于古老的杂耍形式，受中国传统社会阶层观念的影响，杂技这一职业普遍视为不"体面"。过去，杂技行业招收的一些六七岁的孩子，大多来自贫穷地区或经济条件不好的家庭，这一职业选择往往让从业者面临身份认同的困惑与经济压力的双重焦虑。为缓解并消除这一现状，提升杂技人才的职业荣誉感与社会地位，可采取多维度策略：媒体可以正面宣传引导，展现杂技艺术的独特魅力与深远价值，逐步引导公众形成对杂技职业的正面认知与尊重；政府可以通过政策扶持与认定机制，如授予"非物质文化遗产传承人""非遗技艺杰出人才"等荣誉称号，从官方层面肯定杂技从业者的贡献与地位，进而提升其社会尊重感；为杂技人才构建完善的培训体系及宽松的行业环境，助力其技艺精进与职业成长。通过综合实施这一系列举措，最终提升杂技人员职业幸福感和社会认可度。

4. 社会宣传不够

武汉杂技作为国家级非物质文化遗产，获得了政府的财政支持，相较于过去有更为广阔的发展前景。然而，当前部分杂技艺人思想观念还比较滞后，缺乏主动传播武汉杂技文化的自觉性与积极性，而且杂技传承人大多年龄较大，很难做到与时俱进，也不太了解年轻受众的需求，并且他们缺乏新媒体与融媒体运营的相关知识，这在一定程度上限制了杂技艺术在新兴传播渠道上的影响与渗透，导致新媒体传播力度不足。要想解决这一问题，一是充分利用新媒体平台的广泛覆盖与高效传播特性，创新杂技艺术的传播方式，吸引年轻受众关注与参与；二是推动"杂技进校园"等活动，让杂技艺术贴近学生群体，从小培养年轻一代对杂技的兴趣，进而形成广泛的社会传播基础。通过加大宣传力度，提升公众对武汉杂技的认知度与认同感，鼓励更多人自发地参与到杂技艺术的传承与传播中来，共同促进武汉杂技的繁荣发展。

5. 运营模式有待创新

武汉杂技作为一种具有观赏性的艺术作品，发展潜力大，但其依托主体——武汉杂技团在现行体制框架下，其运营模式方面有待进一步优化和创新。目前，该团的主要收入依靠单一的表演门票销售，虽然一些国内知名主题乐园和景区会邀请武汉杂技团进行表演，但这种合作模式带来的收入仍难以全面覆盖并维持其高昂的运营成本。近年来，国家加大了对国有艺术院团、剧院等的改革力度，出台了一系列相关利好政策和文件，这为武汉杂技的创新与发展提供了更宽松的环境，也为其运营创新提供了新的契机。

我们可以借鉴《梦幻九歌》节目所展现的杂技团与政府文旅机构合作的成功模式与经验，探索武汉杂技与旅游业、教育业等多行业融合的新运营模式。例如，将杂技表演票与旅游景点门票作为套票打包销售，打造华中地区独具特色的杂技大世界景区；吸取国外马戏团以创新理念取胜的经验，引入国外专业艺术创作团队，采用项目制合作模式，共同开发运营一系列融合创新理念的杂技项目；系统规划并构建武汉杂技独特的文化创意品牌，通过IP植入和捆绑营销，强化品牌认知度与市场竞争力，共同开辟一个充满活力的崭新的武汉杂技市场。

（五）吴桥杂技带给武汉杂技的启示

河北是中国杂技发源地之一，吴桥杂技是发源于河北省吴桥县的地方传统杂技，属于国家级非物质文化遗产。据统计，吴桥杂技传统节目主要有肢体技巧、道具技巧、乔装仿生、驯兽、马术、传统魔术、滑稽七大类四百多个单项。吴桥杂技具备完整的行业文化体系，有着"十方杂技九籍吴桥""没有吴桥人不成杂技班"之说。

1. 历史发展

吴桥杂技起源于春秋战国时期，在汉代和唐代兴盛起来，到了宋代，杂技走向民间，普及开来。

清代和民国时期，吴桥杂技达到鼎盛阶段。

中华人民共和国成立初期，吴桥已发展到有六十多个大型杂技马戏团体，三五个人结伴搭伙的杂技组近五百个，演员两千多人。

1985年，吴桥创建了国内第一所省属杂技中专学校。

1991年、1992年吴桥杂技被文化部、人事部评为"全国文化工作先进集体"和"全国少年儿童文化工作先进集体"。

1987年，文化部、河北省政府在石家庄举办了以吴桥命名的第一届中国吴桥国际杂技艺术节。

2006年5月20日，河北省吴桥县申报的"吴桥杂技"被列入第一批国家级非物质文化遗产名录。

2. 传承人

王保合，男，汉族，河北吴桥人。第一批国家级非物质文化遗产项目代表性传承人，魔术师。王保合出身于杂技世家，其表演的传统戏法"三仙归洞"达到出神入化的程度，速度快且极具趣味性。他的另一项技艺——缩骨，因需从小练习，过程相当艰苦，很难找到传人，面临失传。王保合先后赴十多个国家和地区演出，获得中国杂技金菊奖第三届全国魔术比赛银奖。曾获"著名表演艺术家"称号，被誉为"鬼手"，享受国务院政府特殊津贴。

于金生，男，汉族，第五批国家级非物质文化遗产代表性项目代表性传承人。于金生出身于杂技世家，自幼学艺，6岁就学会了"跟头""吞剑"等祖传绝技。12岁便开始下关东演出，历经风霜雪雨，练就了一身杂技绝技。曾多次代表中国参加国际杂技大赛。近年来，他结合自己扎实的杂技基本功和书法功底，独创了"倒立书法"和"顶技书法"，融高超的杂技技巧于书法创作之中，被中国书法协会誉为"中华一绝"。

3. 吴桥杂技特色

（1）历史悠久。

吴桥杂技艺术源于民间、历史悠久，有深厚而广泛的群众基础，带着浓郁的生产生活气息，两千多年的传承就是其强大生命力的证明。在两千多年的变迁过程中，吴桥杂技文化不断丰富和发展着。它供奉"吕祖"为自己的行业神，创造了行业"春典"（即行话），衍生了表演中的"说口""锣歌"等口头文艺形式。

（2）生活化。

吴桥杂技源自当地人们的生活体验，是从生产、生活中提炼出来的民俗艺术，在漫长的传承过程中，形成了独具一格的中国民间特色风格。吴桥杂技演出用的道具，如锅、碗、盆、勺、桌、椅、几、凳等，大都是人们日常生活生产物品，另外，中国武术器械中的刀、枪、棍、棒等，也被吴桥杂技艺人用作道具。

4. 武汉杂技和吴桥杂技的对比分析

（1）文化内涵。

武汉杂技和吴桥杂技都源于民间艺术，由于不同地域文化不同，两者文化内涵也有较大区别。武汉杂技更具柔美浪漫气息，而吴桥杂技更具刚毅尚武的风格。

武汉杂技发源于湖北武汉，湖北是楚文化的发祥地，其杂技艺术自然承袭了楚文化的精髓，追求自然美、艺术美。在这种地域文化生态与审美秉性熏陶中发展的武汉杂技，在展现高难度技巧的同时，也始终不忘对"美"的追求，将浪漫与神秘的美感融入表演之中，形成了自己独有的风格特色。

吴桥杂技发源于京杭大运河，这条古老的河流从南到北进入沧州的第一县——吴桥，古老的京杭大运河孕育了吴桥文化，滋养了独具特色的吴桥杂技，赋予了这座杂技之乡别样的韵味。

（2）传播度。

就传播度而言，武汉杂技不及吴桥杂技。吴桥被称为杂技之乡，在这里，大街上有潇洒地骑着独轮车走街串巷的人，餐馆服务员可以骑着单车送菜，甚至可以看到打空翻、练习倒立行走的放学回家的小学生。杂技演员仅需两只饭碗、三颗红豆或三个花蕾，甚至三个汽水瓶盖作为道具，就能演出一场"三仙归洞"的拿手戏。在吴桥，杂技是大众不可缺少的娱乐。吴桥杂技在于广而多，武汉杂技在于精，这与两种杂技的历史形成有极大的关系。

（3）行业发展。

吴桥杂技具有悠久的历史渊源，形成了独特的表演技巧、道具制作、管理体系及传承机制，这构成了吴桥杂技完整的行业文化体系，素有"十方杂技九籍吴桥""没有吴桥人不成杂技班"之说。

中国吴桥国际杂技艺术节于1987年成功创办，截至2023年底，已经成功举办了19届，全球无数爱好者慕名而来。如今吴桥已经成为一个集旅游、观赏、培训、购物、休闲于一体的综合性的旅游胜地。

吴桥杂技大世界自建成以来，年均接待游客约60万人次，带动相关从业人员2.5万人，年综合收入约3亿元。这不仅带动了当地的经济和社会发展，也为吴桥杂技的传承和保护提供了坚实的基础。

同时，吴桥县也深入实施"杂技兴县"战略，高度重视杂技的保护、传承和发展，致力于将杂技这一传统表演艺术推进到全新的文化旅游产业链条之上。吴桥县不仅加大了对杂技团队的培养和扶持力度，建立并完善了以吴桥杂技为核心的系列社会组织，更是将杂技艺术打造成旅游项目，通过引入现代化的设计理念，提升游客的旅游体验，让杂技艺术逐渐成为吴桥特色旅游项目，推动当地旅游产业的发展，使城市文化软实力得到提升。

与武汉杂技相比，吴桥杂技的行业发展更加全面和系统。

（4）共同困境。

吴桥杂技行业发展至今已经取得了很大的成就，但是它也面临着一些困境和挑战。

其一，随着现代娱乐方式的日益丰富，人们对于传统杂技艺术的需求呈现递减趋势，观众数量日益减少，这使得杂技的演出市场规模逐渐缩小，给演员们的生存和发展带来了一定的影响。

其二，杂技行业面临着严重的人才流失问题。进入21世纪，从事杂技表演事业的人员大幅度减少。年轻一代对于学习杂技的热情和积极性明显减弱。就算有年轻的杂技演员，他们中的很多人在掌握了一定的技能后，会选择转行或从事其他领域的工作，这无疑加剧了吴桥杂技团队人才储备短缺的问题，进而也影响了团队整体的发展。

另外，一些传统的表演形式和精湛的技艺难以得到有效的传承，这也影响了吴桥杂技的持续发展。

同样地,武汉杂技也面临着上面所列出的困境和挑战。不论是武汉杂技还是吴桥杂技,两者在传承方面都不容乐观,应该引起公众的关注和重视。

5. 吴桥杂技给我们的启示与借鉴

吴桥杂技历史悠久,源远流长,是优秀的民间艺术,其最成功的运营是打造吴桥杂技大世界这一主题公园。吴桥杂技大世界位于河北省吴桥县,是中国著名的杂技旅游景区之一。

(1)技艺创新:保持传统精髓,勇于探索新领域。

在杂技艺术的广阔天地里,技艺创新是推动其不断前行的核心动力。吴桥杂技之所以能在国内外享有盛誉,关键在于其深谙"保持传统精髓,勇于探索新领域"的真谛。吴桥杂技不仅传承了数百年的精湛技艺,更在此基础上大胆创新,将现代科技元素融入表演之中,如利用光影效果增强舞台表现力,或是结合音乐、舞蹈等艺术形式,创造出新颖独特的杂技作品。

吴桥杂技团队在保持传统技艺精髓的同时,积极引入国际先进的训练方法和技术手段。他们与国内外多家知名杂技学校建立合作关系,共同研发新的训练体系和表演技巧。例如,在"空中飞人"项目中,他们借鉴了国际流行的"力量与美学并重"的训练理念,通过科学的体能训练与心理调适,使演员在保持高难度动作稳定性的基础上,更加注重表演的艺术性和观赏性。这种创新不仅提升了节目的质量,也吸引了更多年轻观众的关注。

此外,吴桥杂技团队勇于探索新领域,将杂技艺术与其他文化形式相结合,创造出具有独特魅力的跨界作品。他们与知名导演合作,将杂技元素融入舞台剧、电影等艺术形式中,通过大银幕和舞台的广泛传播,进一步扩大了杂技艺术的影响力。这种跨界合作不仅为杂技艺术带来了新的发展机遇,也为传统文化的传承与创新提供了有益的借鉴。

吴桥杂技在技艺创新的过程中始终坚守着传统文化精髓,勇于探索未知领域。这种精神正是其能够持续繁荣发展的关键所在。

对于武汉杂技而言,借鉴吴桥杂技的成功经验,同样需要在保持自身传统优势的基础上,不断寻求技艺上的突破与创新,以更加开放和包容的心态迎接未来的挑战。

(2)人才培养:建立科学体系,注重实践与创新。

在杂技艺术的传承与发展中,人才培养无疑是核心环节。吴桥杂技之所以能在国内外享有盛誉,离不开科学、完善的人才培养体系。这一体系不仅注重技艺的传授,更强调实践与创新能力的培养。具体而言,吴桥杂技学校通过引入先进的训练方法,如模拟表演、团队合作训练等,让学生在实践中不断磨砺技艺,同时鼓励学生勇于尝试新技巧、开发新节目,形成了一套独特的创新机制。

吴桥杂技学校每年培养出很多优秀杂技演员,绝大多数能够在毕业后迅速适应市场需求,成为各大杂技团体的中坚力量。业内良好的口碑,离不开学校对人才培养质量的严格把控和科学人才培养体系的建立。此外,学校还积极与国际杂技界交流,邀请国际知名杂技大师来校授课,为学生提供更广阔的视野和更前沿的技艺指导。

吴桥杂技学校的"师徒制"与"项目制"相结合的人才培养模式,既保证了技艺的纯正传承,同时也为学生提供了实践创新的平台。例如,学校曾组织了一次以"未来杂技"为主题的创新项目,鼓励学生自由组队,设计并表演具有创新元素的杂技节目。最终,多个项目脱颖而出,不仅赢得了观众的热烈掌声,更为杂技艺术的发展注入了新的活力。

吴桥杂技学校注重实践与创新,培养出了技艺精湛的杂技演员,为杂技艺术的未来发展奠定了坚实的人才基础。

武汉杂技要借鉴吴桥杂技的成功经验,就必须在人才培养上狠下功夫。建立科学的人才培养体系,既要注重技艺的传承与提升,更要鼓励学生勇于实践、敢于创新。只有这样,才能培养出更多符合市场需求、具有国际竞争力的杂技人才,推动武汉杂技走向更加辉煌的明天。

(3)文化传播:拓宽传播渠道,增强国际影响力。

在全球化日益加深的今天,文化传播已成为提升杂技艺术国际影响力的关键。吴桥杂技之所以能在国际舞台上大放异彩,离不开其积极拓宽传播渠道。他们不仅在国内举办大型演出,还频繁走出国门,参与国际杂技节、艺术节等活动,将精湛的技艺和独特的文化魅力展现给世界观众,极大地提升了中国杂技的国际知名度。

为了进一步增强国际影响力,吴桥杂技还充分利用了现代传媒手段。他们与国内外知名媒体合作,通过电视、网络等多种渠道进行宣传和推广。特别是在社交媒体平台上,吴桥杂技团队会定期发布精彩表演片段、幕后花絮等内容,吸引大量粉丝关注和转发。这种"线上+线下"的传播模式,不仅拓宽了传播渠道,还增强了观众的互动性和参与感。

此外,吴桥杂技还注重文化故事的讲述和传播。他们深入挖掘杂技背后的文化内涵和历史渊源,将传统技艺与现代审美相结合,创作出具有时代感和国际视野的杂技作品。这些作品不仅展示了中国杂技的高超技艺,还传递了中华民族的文化自信和价值观。正是通过这种方式,吴桥杂技成功地在国际舞台上树立了良好的品牌形象。

对于武汉杂技而言,拓宽传播渠道、增强国际影响力同样至关重要。可以借鉴吴桥杂技的成功经验,加强与国际杂技界的交流与合作,积极参与国际赛事和展览活动;同时,充分利用现代传媒手段进行宣传和推广,打造具有地方特色的杂技品牌;此外,还应注重文化故事的挖掘和传播,将武汉杂技的独特魅力和文化内涵展现给全世界观众。

四、思考:武汉杂技市场活态化传承创新路径

任何事物的存续都会随着时代的步伐而经历整合和变异,不断推陈出新才符合事物发展的客观规律。武汉杂技应该秉持动态发展的理念,勇于抛弃老旧的模式,将新内容、新思想、新内涵融入传承之中。对于杂技从业者,尤其是杂技节目编排者,首先应该树立在传承中创新的思维理念,既保证传统杂技动作的观赏性,又要了解观众对杂技类节目的需求和偏好,采取开放、活跃的态度,拉近与广大观众的距离,使其贴近时代潮流,融入日常生活,真正使杂技艺术"活起来"。

传承是创新的终极目标,创新是传承与时俱进的体现。首先,武汉杂技的创新与传承是不可分割的。创新是在传承基础之上,是对武汉传统杂技艺术内涵的丰富、拓展和完善,赋予武汉杂技新的时代内涵和现代艺术气息。比如在杂技传统技艺基础上,大胆进行节目形式创新,加入舞蹈、戏剧、表演等多种不同元素,使观众耳目一新,体验武汉杂技不断融合创新的艺术形式。值得注意的是,创新不是盲目改变,切忌急功近利,在武汉杂技的创新和传承过程中,必须坚持可持续发展、良性循环的基本原则,在确保不损害杂技文化原真性的前提下,进行适度的开发与利用。

武汉杂技内容丰富,项目繁杂多样。各杂技作品在发展现状和发展潜力上

展现出明显的差异性。比如，有些热门项目凭借商业化成功而广受欢迎，而有些冷门项目则处于无人问津、近乎失传的困境。我们必须正视现实，尊重事物发展的规律，以严谨、科学的态度来面对武汉杂技的传承问题，有针对性地做好传承工作。针对热门项目，积极借鉴其成功经验，同时保持发展的活力，做好顺应时代的创新；针对冷门项目，首先要做好基础保护工作，之后再根据实际情况，制定合适的推广策略，将武汉杂技艺术更好地呈现给大众。

武汉杂技在传承过程中，应该从实际出发，充分考量市场经济环境对其产生的影响。在目前艺术形态多元化、娱乐方式多样化的背景下，探讨将武汉杂技这种传统文化引入商业化路径时，应注意单纯的商业化尝试往往只是浮于表面、流于形式，对于武汉杂技的传承不利。商业化发展是一把双刃剑，在实施的过程中会出现诸多弊端，主要原因是实施方法的不当和思想观念的偏颇，商业化不应只重视经济效益而忽略文化效益，经济效益与文化效益是商业化传承的两条并行道路。

（一）路径之一：武汉杂技运营模式创新

武汉杂技可以借鉴太阳马戏团之前成功的运营模式，增强文化品牌打造、加强创作团队建设，提升武汉杂技的文化附加值。武汉杂技的创新运营模式是对现有专业技艺的市场化探索，我们需要的是集市场开发、媒体运作、营销推广、节目创新于一体的平台。实际上，市场消费者是不缺的，从武汉杂技厅前期"环球大马戏嘉年华"网上售票情况来看，平均场次客座率超过80%，说明消费者对武汉杂技还是十分感兴趣的，而上海迪士尼乐园邀请武汉杂技团演员常驻的例子，也进一步说明了专业的营销团队在拓展更广阔的演出市场和渠道方面的重要性，实现从传统的等客上门到主动走出去运营的转变。

（二）路径之二：文旅融合背景下的产业创新

《梦幻九歌》是一档面向广大游客的具有地方特色与高超技艺的杂技节目。实践证明，这次杂技与旅游业的首次创新融合获得圆满成功。文旅融合背景下的产业创新主要表现在以下几方面。

1. 杂技与景区的融合

将杂技表演融入旅游景区，如在景区广场、剧院等场所进行杂技表演，或者在景区内设置杂技体验馆，让游客能够亲身参与并感受杂技的魅力。

2. 杂技与文化活动的融合

在旅游旺季或者特定节日期间，举办杂技艺术节或者杂技表演活动，以此吸引游客前来观看，同时通过这些活动提高武汉杂技的知名度和影响力。

3. 杂技与文旅产品的融合

武汉杂技不仅在舞台上通过精彩的表演为观众呈现视觉盛宴，同时，它也可以作为一种独特的文化符号，打造一系列IP。将这些IP输出，或自主开发成一系列精美的文创产品，如陶瓷艺术品、剪纸工艺品、立体贺卡等，打造以武汉杂技为主题的文旅产品和旅游线路，让游客在观赏杂技表演后，通过购买这些文创产品感受武汉杂技的独特魅力，从而加深对武汉杂技的认同和喜爱。

4. 杂技与教育体验的融合

为了丰富游客的游玩体验，可开展杂技艺术教育培训，如开设简单的杂技课程，以及举办杂技夏令营等，让游客在游玩的同时，有机会学习和体验杂技艺术的精髓。

5. 杂技与媒体宣传的融合

武汉杂技可充分利用各种媒体平台，加大宣传力度，提高武汉杂技的知名度和影响力，同时也可以通过网络直播等方式，打破地域限制，让全球更多的观众能够在线观看武汉杂技表演，进一步推广武汉杂技这一传统表演艺术形式。

6. 杂技与产业合作的融合

武汉杂技可与电影、游戏、动漫等产业进行深度合作，共同打造武汉杂技产业链，提升武汉杂技的市场竞争力。这一系列合作不仅可以提高武汉杂技的影响力和知名度，还能共同推动武汉文化旅游产业的发展，实现双方的互利共赢。

因此，为推动武汉杂技的可持续发展，我们期望武汉市文化和旅游局能够给予关注并出台相应的政策，这不仅能够为杂技演员提供更多登台表演、锻炼技艺的机会，同时，借助杂技这一独特的艺术形式，有效展现和传播武汉文化和旅游魅力，在杂技与旅游的深度融合中实现相关产业创新发展。

（三）路径之三：精湛技艺传承与创新相结合

武汉杂技艺术的活态传承既要保留传统杂技的精髓，又要与时俱进，创新与发展。在保留传统技艺的基础上，对杂技的表演形式、表演内容和表现手法进行创新，使之更符合现代观众的审美需求。

传统杂技往往以高难度、高风险的动作而闻名，虽然惊险刺激，但可能无法满足现代观众在艺术性和观赏性方面的需求。我们可以通过对表演形式进行创新，使之更具观赏性和艺术性。例如，将传统杂技与现代舞蹈、戏剧等艺术形式结合，创造出新的表演形式，提升杂技的观赏价值与艺术魅力，使之更具吸引力，满足现代观众的多元审美需求。

传统杂技往往以动物表演为主，虽然高超的动物表演令人惊叹，但可能无法与现代观众建立深层次的情感共鸣。因此，我们需要在内容选择和编排方面进行创新，使之更具深度和意义。例如，我们可探索将传统技艺与现代社会问题相结合，通过精心设计的表演内容，表达出现代人对于社会现象的深刻反思。

传统杂技的表现手法相对单一，可能无法满足现代观众对视觉冲击和审美体验日益增长的需求。因此，我们可以通过对杂技的表现手法进行创新，使之更具视觉冲击力，给观众带来更好的审美体验。例如，利用影像、灯光等现代科技手段，对杂技表演进行艺术化的处理，使之更具视觉冲击力和艺术美感，这种创新不仅丰富了杂技的表现形式，也极大地提升了观众的审美感受，让传统技艺在现代舞台上焕发出新的生机与活力。

（四）路径之四：杂技进校园推广宣传

近年来，全国各地非遗文化进校园的活动声势浩大，其中戏剧进校园尤为引人注目。为了促进武汉杂技在现代社会的传承与创新，我们特别选取了五大类项目，这些项目不仅包括魔术等符合现代人趣味要求的元素，而且无须太过艰苦或长期的训练，确保在不影响学生文化课的前提下进行文化交流与传播。我们建议将这些杂技技艺纳入中小学生艺术课程体系，期望能得到政府的重视与支持，在教育领域进行推广。在推广过程中，应区别于以往的教育推广模式，注重增强大众的参与感与体验感，让大众摆脱杂技"苦"的刻板印象，转而获得杂技"美"和"趣味"的新体验。通过这样的举措，促使武汉杂技在教育的土壤中生根发芽，焕发新机。

（五）路径之五：继续加强对外文化输出的深度与广度

武汉杂技在借鉴太阳马戏团运营模式的基础上，应建立一套自己的完整的CI系统（形象识别系统），以统一的品牌形象标识、卓越的创作编导团队、高效的策划营销团队进行整体文化品牌输出。对内，在全国范围内寻找类似珠海长隆主题乐园等高品质的演出渠道，进行节目输出；对外，以现有的国内外演艺公司合作为基础，积极拓展海外商演的资源和渠道，进行深度文化品牌输出。这就对创作团队提出更高的要求，要打破传统的、以海外团队为主导创作策划的固有模式，展现积极主动的态度，深入研究海外畅销杂技剧目的成功模式和值得借鉴之处，最终形成自己的核心优势和技术软实力，进一步拓宽并深化对外文化输出。

（六）路径之六：武汉杂技艺术创作人才培养

武汉杂技是国家级非物质文化遗产代表性项目，更是一种艺术，如何将其融入现代人的生活、符合现代人的审美情趣和喜好是杂技艺术创作人员需要思考的重要问题。在2018年武汉举办的第十三届武汉国际杂技艺术节上，武汉杂技团《寒梅疏影》节目的精彩呈现，为观众带来了前所未有的视觉盛宴。这一节目突破了传统的全程以技艺展示为主的演出模式，融入唯美的舞台道具设计，并结合梅花作为武汉市花这一特点，营造了一种恬静的艺术氛围。在这样的环境中，杂技演员的表演与舞蹈、情景完美融合，让人印象深刻，难以忘怀。为了能创造出更多类似《寒梅疏影》这样的优秀节目，我们需要一批既懂杂技技艺又懂音乐和舞美等综合艺术，并且深刻了解观众需求和审美偏好的复合型艺术人才，所以加强此方面人才的培养是武汉杂技传承和创新发展的第一步。此外，我们还要实现资金多元化培养，充分利用国家艺术基金及省市级各类资助基金，为艺术创作提供强有力的资金支持，鼓励艺术人才勇于探索、不断创作。

（七）路径之七：加强新媒体传播方式推广

我们应该积极推广与宣传武汉杂技的微博官方账号、微信公众号、视频号等，并发挥抖音、快手等短视频新媒体的广泛传播优势。鉴于当下网络游戏、网络直播等新媒体传播形式深受人们喜爱，武汉杂技应当抓住这一机遇，加大推广力度，通过多样化的新媒体渠道，让更多人了解武汉杂技并感受到武汉杂技的魅力。此外，在此基础上要提高传播内容的新颖度、原创性及互动性，充分利用武汉杂技微信公众号这一平台，加强与社会大众的交流互动，通过优化推文排版，采用更具吸引力的设计，不仅展示杂技艺人的视频演出片段，还可增加学员日常练功及其生活片段，让观众更加全面地了解杂技演员背后的付出，激发情感共鸣。同时，可开辟观众互动区域，定期调研，了解观众对杂技节目的喜好，这不仅能为艺术创作提供宝贵的第一手资料，还能借助新媒体力量进一步传播和弘扬武汉杂技文化。

楚式漆器篇

一、非遗档案

（一）历史渊源

1. 历史背景

漆器是中国古代工艺美术领域的一项重大发明，其制作工艺拥有超过七千年的悠久历史。早在新石器时代，漆器的制作工艺便已开始萌芽。战国时期，漆器工艺更是达到了顶峰，呈现出前所未有的繁荣景象。

楚式漆器的起源可追溯至东周时期，这是历史上的一个重要转折点。楚式漆器蕴含着古代中国南方的浪漫主义精神，承载着丰富的传统文化。在传承与发展的过程中，它不断吸收新的元素，产生了新的意义与活力，从而塑造出一种独特的艺术风格。这种风格深刻地反映了楚人的文化特色和审美观念，展现出浓郁而神秘的东方魅力。

战国时期，楚式漆器的产量之多、品种之丰富、质量之精美，均超越了以往任何时期，是我国漆器工艺史上的辉煌时期。直至今日，考古学家发掘出的战国时期的漆器，大多数来自楚国的墓葬。因此，楚式漆器是战国时期漆器工艺的杰出代表。楚式漆器在战国时期达到了发展的巅峰，这离不开当时繁荣的社会经济的推动。这一时期，人们的生活水平不断提高，漆器也不再是仅供贵族使用的器物或者祭祀祈福的珍贵物品，开始走进寻常百姓家中，成为百姓日常使用的物品。

2. 地理位置

楚国位于江汉平原，处于长江与汉江的交汇处，横跨华中地区和部分华南地区，地理环境优越，物产丰富，气候适宜。战国时期，楚人种植了大片漆树，漆树的树皮割开时会流出大量的白色汁液，这些白色汁液是制作大漆的珍贵原料。楚国优越的地理条件，为楚式漆器的打造提供了便利。

3. 地域文化

楚国文化发源于长江流域一带，具有强烈的包容性，这一特性奠定了楚文化多元性的基础。相传，楚人的祖先火神祝融带领族人迁徙，最后在长江以南定居下来，并将中原文化与南方文化相融合，进而形成独特的楚文化。楚文化的精髓在漆器艺术上得到了充分的体现，如漆器上的花纹或雕刻图案多为复合图案，线条流畅，色彩搭配大胆且艳丽。由于楚文化深受南方少数民族信仰和鬼怪传说的影响，漆器工艺极具民族特色和奇幻色彩。可以说，地域文化是推动楚式漆器艺术多元化发展的关键。

4. 思想发展

经济基础决定上层建筑。随着楚国社会生产力的发展，人们的追求不再仅仅局限于物质生活的满足，开始有了更高层次的精神生活追求。当时楚国的社会思想空前活跃，工艺美术领域不再受传统礼制的严格束缚，进入百花齐放的繁盛时期，在这样的背景下，楚式漆器得以快速发展。

（二）技艺特点

经过两千多年的传承与积淀，楚式漆器技艺不断发展。起初，楚式漆器仅作为贵族阶层显赫身份的象征，后来逐渐普及为寻常百姓家中的生活用品。在这一演变过程中，楚式漆器的品类日益丰富，制作技艺愈发精湛，胎质多样且造型别致，无论是雕镂刻画的手法还是镶拼巧饰的技艺，都达到了炉火纯青的地步，展现出极高的艺术造诣。其中，极具特色的有髹漆彩绘榫卯木雕、金漆盆盘和瓜果甲骨胎漆器，这些独具匠心的漆器作品共同铸就了楚式漆器艺术的辉煌成就。

1. 髹漆彩绘榫卯木雕

榫卯组合是楚式髹漆彩绘木雕的第一大特色。榫卯技艺是中国传统木工艺的精髓，而将其应用于木雕组合，则为楚人所独创。由于木雕组合多是异形榫卯，匠人们不仅熟练掌握传统木制家具的多种榫卯形式技法，还独创了许多榫卯形式。

彩绘是楚式髹漆彩绘木雕的另一大特色。其一般以红色和黑色为主色调，色彩饱和度高，瑰丽雅重。即便在地下历经两千余年的浸泡，仍光彩夺目，这主要是因为彩绘所使用的漆料完全取材于矿物或植物，并遵照古法炮制，确保了漆料色彩的持久与鲜艳。

2. 金漆盆盘

金漆盆盘最初是指楚国民用漆器中的杯、盘、盒、勺等物品，其工艺相对简单，当时楚国以制作精制工艺品为主的作坊较少生产此类物品，所以金漆盆盘一般来自外地。后来随着市场需求的急剧增长，元末明初时，荆沙地区开始制作金漆盆盘，并逐渐闻名，直到20世纪初期仍是当地特产中极具盛名的品牌。

金漆盆盘所使用的木料，一般要存放两年以上，待其完全干燥后，再加工制作成白坯器物，随后使用天然国漆，经过磨光、刮灰、砂光、清灰、上漆、绘画、描金等十八道工序制作而成。

3. 瓜果甲骨胎漆器

楚式漆器中的瓜果胎和甲骨胎在全国较为罕见且颇具特色。

民间一直有将葫芦经髹漆绘画制成酒壶、药壶等实用工艺品技艺的传承。瓜果胎类漆器中的橘柚胎漆器是受荆沙地区民间"橘塑"和"柚塑"艺术的影响而形成的。

甲骨胎漆器受古代甲骨占卜文化的影响，用龟的腹甲为胎，整体髹黑漆，正反两面均绘有朱红色的神兽以及生动的人物形象等，在历史上保存状况极为完好。

（三）艺术价值

楚式漆器的发展见证了楚地的历史变迁，且包含着深厚的楚文化底蕴，向大众展现楚人对于"美"的独特感悟与深刻理解。楚式漆器的艺术价值主要体现在造型、色彩、纹样三个方面。

首先，楚式漆器的造型多以自然中的飞禽走兽、花鸟鱼虫为蓝本，表现了人们对大自然的崇敬及对于大自然恩赐的感激之情。另外，楚式漆器还融入神话传说中的奇珍异兽以及神仙形象造型，展现了楚人丰富的想象力、对巫文化的崇尚，以及对浪漫主义的不懈追求。例如，《虎座凤架鼓》《彩绘漆鹿角镇墓兽》等漆器作品，将巫文化与审美意趣巧妙融合，通过造型语言，向世人传达楚人

漆器作品《虎座凤架鼓》

立体化、具象化的审美价值观。

其次,楚式漆器的髹涂色彩同样值得深入研究。楚式漆器一般以红色与黑色为主色调,辅以其他色彩。红色,又称赤色,楚人崇尚赤色,赤色是火焰的颜色,不仅表达了楚人对祖先火神祝融的敬仰,同时作为楚人的图腾,象征着生命之火永不熄灭。黑色,又称玄色,象征着中原北方。历史上,楚人原居住在中原地区,后来被迫迁徙来到了南方,这表现了楚人未曾忘记故土,心中渴望得到中原地区的接纳和认可。此外,红黑二色的巧妙融合还有阴阳调和之意。因此,楚式漆器的色彩运用,不仅是对视觉美的追求,还是深厚历史文化底蕴的直观展现。

最后，楚式漆器的纹样设计主要以自然界动植物形态的抽象化表现为典型，诸如云鸟纹、鱼纹、兽纹、花草纹等，再搭配几何图纹，如卷边纹、弧线纹、云雷纹、三角纹、波浪纹等，用于装饰，使得整体图案既丰富又和谐统一。另外，楚式漆器突破视觉的局限，将想象中的东西创造性地展现出来，如凤纹、龙纹等。从这些纹样元素中，我们不难看出楚人对抽象纹样设计的偏好，这种抽象之美，飘逸而洒脱，生动而优雅，不拘泥于对象的自然形态，映射出大自然的勃勃生机和律动之美，体现出天人合一的理念。

二、见证

（一）传承人刘比建：坚守五十载，无悔此生

瘦瘦高高的个子、炯炯有神的眼睛、温文儒雅的谈吐是楚式漆艺传承人刘比建给笔者的第一印象，作为一代漆器工艺美术大师，他致力于楚式漆器技艺的传承与发展近五十载。这位获得中国工艺美术最高国家荣誉的老艺人，在简陋的工作室中接受了笔者两个多小时的调研访谈，他细述了自己对传统文化的深刻感悟、对技艺的坚守和执着追求，以及在这一文化梦想的追求过程中获得的幸福。

（以下内容根据刘比建采访调研口述整理）

1. 成长·兰竹精神

我倾注了一生的时间去积累和沉淀，许多成果是通过反复制作与修正，才有今天的成果。

我从业近五十年，从 17 岁开始工作。20 世纪 80 年代中期，我被调至湖北省博物馆从事修饰与复制工作。这段经历对我的思想、文化和技艺的形成起到了至关重要的作用，为我的成长奠定了坚实的基础。初到湖北省博物馆时，由于"家庭出身"问题，我遇到一些困难，随着时间的推移，我的努力得到认可，书记评价我是厂里最优秀的技术者，是一个进步青年，正是这样的肯定，使我得以继续留在省博物馆工作。

楚式漆艺传承人刘比建工作照

当年，我担任省博物馆公关组的组长，在技术方面也表现出色。后来，我成立了自己的工作室，与省博物馆的合作交流也逐渐变得常态化。在此之前，我就职于老河口的民族乐器厂，并于20世纪70年代末被派往上海民族乐器厂深造。到了20世纪90年代初，我选择了"下海"经商，与一位朋友共同游历了四至五年。在游历期间，我发现这并非我的真正兴趣所在。1990年，我在武汉安顿下来，这也是我工作室历经五次搬迁后的最终落脚点。

我有一种不屈不挠的精神，我将其称为兰竹精神。我曾看过一部科教片，里面描述了兰竹竹笋在破土而出之前，不管面对什么样的环境，哪怕是坚硬的石板，也要将其顶开，露出芽来，对此我深有感触，我认为自己就应该这样。因此，我一直秉持这种精神，去面对所有的困难和挑战，以乐观的心态看待一切，用坚韧不拔的意志去克服所有的难关。正是这样的精神，支撑着我走到了今天。

2. 窘境·脚踏实地

目前这个工作室是我个人租赁的，所面临的困难显而易见，房屋年代久远，每逢雨季，雨水便渗透到室内。多年来，我并没有过分纠结于工作环境的问题，因为过度的忧虑只会分散我艺术创作的精力。我坚信，我们对传统技艺的坚守最终会唤醒人们对文化价值的深刻认识，而不仅仅是口头上的宣扬。我们应当带着敬畏之心，感谢大自然的恩赐，以及古人留给我们的智慧。我们需要静心思考，将思想提升至一个更高的层次。尽管目前的环境不太好，但我仍然会在内心为自己加油鼓劲，我相信我的财富在于我的思想，而非金钱或其他物质财富。

刘比建漆艺工作室小院

刘比建漆艺工作室内部

目前，楚式漆器髹饰技艺已被列为非物质文化遗产项目，其保护单位是湖北省博物馆。尽管在工艺美术领域，我获得了"中国工艺美术大师"的称号，但在非物质文化遗产体系中，我尚未成为省级非遗传承人。省级非遗传承人的评选每五年一次，目前我只能耐心等待。此外，我还有武昌区群艺馆负责保护的"楚式古乐器制作技艺市级非遗传承人"的称号，每年可获得数千元的补贴。目前，工作室出售的普通古琴价格在3万元至4万元一把，出售的高端手工古筝的价格通常在10万元左右，这些收入主要用于工作室的运营和日常开销。

纯手工漆艺古琴及古筝

3. 幸福·精神富足

人生是短暂的，在生命结束时，我们要怎么定义生命的价值，如何体现生命的价值？当然，平平淡淡的生活状态并没有错，但是换一个角度思考，人类拥有智慧，我们应该让智慧得到充分展现，否则，就是一种浪费，细细想来，还是非常遗憾的。

刘比建指导漆器制作

关于怎样理解幸福，我认为有钱人有他们的幸福，穷人同样也能找到属于自己的幸福。严格来说，这主要取决于个人的心态。有一件事情给了我很大的触动。有一年春节，我和夫人在商场采购完在街上走着，看到岗亭旁有一对年轻夫妇在卖烤红薯，此时，气温很低，天空飘着鹅毛大雪，他们卖烤红薯时相互取暖、互相依偎。我想，他们此时所获得的幸福感与我们这些从商场采购出来的人的幸福感是不同的，由采购获得的物质满足感和恶劣环境中互相依偎的幸福感是不能相比的，是不同层面的。

有时我们对幸福的理解过于狭隘，其实幸福无处不在，它融入了我们日常生活的点点滴滴。然而，由于生活的忙碌与艰辛、认知的局限性以及文化的差异，我们常常忽略了对幸福的感知。因此，我在参与任何活动时都格外重视文化的融入。我自小就在逆境中成长，这塑造了我独特的人生观。我所说的兰竹精神，正是在这样的逆境中孕育而生的。没有任何困难能够阻挡我前进的脚步，在逆境下，我磨炼出了坚韧的品质，对幸福和文化的认识也日益深刻。

4. 问题·资源浪费

目前，我们的非遗文化处于何种状态呢？我认为其正处于一种摸索的状态。在武汉举办的四省非遗联展中，油纸伞展览吸引了我。在询问一位油纸伞手艺人的目前的生活状态如何时，这位手艺人突然顿住了，之前宣传油纸伞时他还滔滔不绝，听到这个问题时变得犹豫和尴尬。为什么？其实我非常了解他们目前的这种窘境，他们只是勉强维持生计。我不禁要问，这样的传承还有多大的意义？油纸伞承载着历史、文化和科技方面的价值，这是不可否认的。它以竹子为骨架，利用竹子的弹性构建精巧的结构，这是科技上的创新，直到今天，这种技术仍在应用。目前，油纸伞的使用价值正逐渐淡化，更多的是将其作为艺术品，基本上人们购买油纸伞的主要目的是赏玩或者收藏，但由于其本身工艺限制，收藏也受到一定局限。长此以往，油纸伞终有一天会慢慢淡出人们的视线，被社会遗忘。尽管如此，它还是有科研价值的，我们是否可以从油纸伞的制作工艺中激发灵感进一步利用这一资源，这需要我们的学生、科研单位深入研究，即使目前无法实现其价值，我们也可以保存相关资料，为未来的发展提供参考。就目前而言，对于油纸伞等非遗项目，我们或许不必再耗费精力拼命宣传，因为最后可能不会起到任何作用，然而，从文化、技艺、科学和使用层面来看，它确实产生了一定的积极影响，但它的传统功能在现代社会已经逐渐失去意义。因此，我们是否还要从非遗的角度勉强宣传，这是值得深思的问题。

严格来说，接地气的文化，是活跃在老百姓生活当中的，这种文化现象包含了一定的地域性与愉悦性，丰富了我们的生活。但是有些东西，从非遗的角度勉强宣传已经没有多大意义了，我认为这是资源的浪费。我们需要静下心来，深入思考与剖析这一问题：是否有些东西真的需要以当前的形式继续传承下去？这么多年，我们宣传非遗，但是真正历经百年传承的老店究竟有多少？非遗传承并不是简单的事情，需要我们审慎对待。

刘比建制作漆器

5. 地域·特色文化

还有一点很重要，就是政府的态度和导向。比如，武汉政府正努力推广汉绣，汉绣是非常好的非遗项目，容易普及，将汉绣融入我们的生活，不断延续和发展汉绣文化，这是一件非常好的事情。但同时这对我们的政府提出了更高的要求，就是对于汉绣技艺及其文化思想的认知需要达到足够的高度，只有充分理解汉绣，理解它的生活性、艺术性等，才能把它更好地融入我们的生活，才能更清楚我们目前需要做的工作是什么。要想通过汉绣把我们的生活呈现得更美，就要提高服装设计能力、纹样设计能力，探索汉绣发展路径，这才是最重要的。另外，还有一些非遗项目能从文化层面上代表我们的区域文化，是一种非常典型的、区域性的、浓厚的文化符号，它们更需要我们引起足够重视。例如，青铜器的铸造技艺、造型设计、雕塑艺术等，它们都能美化我们的生活。我认为这些领域都有巨大的发展潜力，但遗憾的是，目前缺乏相关研究与发展，比如青铜器产业偏向于工业生产，缺乏艺术的融入，只能停留在简单的仿制层面。其实，从铸造工艺到艺术化呈现，青铜器的传承还有很长的路要走。

下面来说说漆器。现在国家在大力推广漆器，作为漆器的发源地，湖北有着深厚的历史底蕴。漆器并不是简单的器物，它是文化达到了一种极致状态时所产生的物象。当人们认识到其与大自然之间的关系，以及享受大自然所赐予的物资和能量时，内心会产生一种对大自然的高度敬畏，这种敬畏促使我们创造出美好的物象。创造出来的这些美妙、高端的物件，作为礼器，体现了人们对大自然崇高敬意。这种文化现象非常了不起，我愿意用一生的时间去解读，通过我自身的理解把这种文化现象融入我们今天的生活中，再去创造与我们如今生活相关的艺术物件。通过这些具有代表性的漆器，地域文化的独特性得以展现，这是地域文化精髓的物化体现，这是非常重要的。

从非遗层面，我个人认为我们真的应该将它们分门别类，这不是一个简单的等级划分问题，而应基于文化、艺术、科技、教育等多个维度进行深入的研究。然而，目前我的经济能力和工作条件有限，加上年龄和体力也没有优势，能够依靠的唯有坚持。虽然我的身体已经无法支撑我去干一些重体力活，但是我对于这件事充满热情，所以说，在宣传时，我可能更多地通过语言来表达。

"中国工艺美术大师"这一称号是国家对我的艺术造诣的最高认可。我希望当地政府多关注和重视我们这些文化艺术情结深重的人，为我们在湖北这片土地上施展才华提供机会与平台。我们需要脚踏实地，动员所有能够投身实践、贡献智慧的人才，无论是研究者还是宣传者，通过各种形式将我们地域特色鲜明的文化符号充分地展示出来。

楚式漆器蕴含着很重要的文化现象。楚式漆器的形成，表达了楚人对大自然怀有一种极致的敬畏之情。当人们对大自然的恩赐抱有一种更深层次的敬畏之时，便会寻求一种方式来表达这份情感，比如创作出一件艺术品。楚式漆器巧妙地将大自然中富有灵性的元素融入创作之中，以此表达对大自然恩赐的深切感激。这不仅是高超技艺的展现，更是一种深刻的文化现象，楚式漆器当前所呈现的这种状态，我认为，正是其高层次意蕴所在。

所以说，我们现在强调文化，并不能仅停留在口头上，而应通过多样化的传播方式，在一段时间内持续地向人们讲述，以激发他们的共鸣，通过情感的传递来营造独特的艺术氛围。我们在传承与发展这一文化现象的同时，也不要忘了与现代科技的融合，这既不是单纯的技艺性的问题，也不是单纯的文化性的问题,而是要将技艺和文化融入科学思维,从而构建出一个既具有民族特色又富含科学性的文化思想体系,这就是我强调其民族性的一个非常重要的因素。

6. 创作·讲述故事

我从事楚式漆器行业多年,对楚式漆器的表现技法和文化现象有比较深刻的了解。20世纪80年代,我在一本美术资料中看到了一张琵琶的图片,这把琵琶收藏于日本正仓院,是唐代从中国流传到日本的。第一次看到这把琵琶时,它就带给我非常大的震撼,那个时候我对漆器还没有直接和深入的了解,只是看过曾侯乙墓出土的文物,了解日本正仓院所藏的一些中国的高端艺术品,就非常震撼,这种震撼在我心里播下了一颗艺术的种子。若干年以后,随着我的技艺不断精进,我深感这片艺术土壤已经足够肥沃了,是时候让那颗艺术的种子破土而出了。于是,我有一种强烈的愿望,用我自己的语言或者是用楚式漆艺的语言重塑这把琵琶,不仅要表达其艺术内涵,还要探寻其背后的文化渊源。为此,我查阅了很多资料,发现这把琵琶和如今市面上的琵琶不一样,市面上的琵琶就是乐器,是与扬琴、古筝等类似的中国传统民族乐器,而这把唐代琵琶,则是随着西域佛教文化传入中国后,因其独特的音色与造型,在唐代礼乐艺术达到巅峰的历史背景下,得到了普遍的推广与应用。此外,琵琶还蕴含着深厚的宗教文化,有时我们到寺庙可能会看到四大金刚的佛像,四大金刚各持一个法器,其中一金刚拿的法器就是琵琶。为了追溯琵琶的文化根源,并以文化形式讲述其故事,我们深入探究其渊源。在这一过程中,我们发现琵琶作为法器,蕴含着深刻的哲理:如果琵琶的一根琴弦乱了,不在这个调上,那么琵琶的整个体系就乱了。这正如做人需遵循社会体系规律,一旦破坏,就会受到自然法则或者法律的惩罚。我了解这些以后,在制作琵琶时,把它当作神圣之物来对待,这里面的文化基因构成了我整个作品的创作理念。在讲述这个故事之前,我广泛搜集了与唐代相关的图样,并不是直接取用,而是进行了筛选与借鉴,在保持唐代风格的基础上,重新设计了一套完整的故事主题与造型。在创作过程中,我还参考了敦煌壁画中的飞天等元素,作品完成后,鉴于是运用楚式漆艺手法来讲述唐代的故事,所以我将作品命名为《唐韵天歌》,这个名字恰如其分地反映了我所要传达的故事主题。

漆器作品《唐韵天歌》

  九头鸟的故事起源于战国时期,那时楚国发展正值鼎盛,关于九头鸟的传说就诞生于这一时期,它几乎成了楚人的一个象征性图腾,代表着楚人希望通过九头鸟来展现他们的智慧。但我认为,仅仅将九头鸟视为智慧的象征,不足以支撑我整个故事的构思。其实,在战国时期的楚国,巫文化非常流行,几乎任何事物都与巫文化有所关联,这种关联源于古人对天地自然的敬畏和探索,进而促使了九头鸟图腾的诞生。在设计《九头鸟新说》这部作品时,我考虑了它的历史和文化背景,思考如何提炼主题,以更好地表达其艺术文化内涵。我尝试将九头鸟置于那个特定的历史背景下，为此，我查阅了大量那个时代的图案资料。我发现，云气纹或云雷纹等古老纹饰中融入了许多鬼神、飞禽走兽等元素。在我的设计中，利用云雷纹的升腾气流来营造九头鸟从远古向我们奔来的壮观场景。同时，我在下方设计了一个鼓（鼓这种礼器在很多古墓中都出土过），因为鼓的声音像打雷的声音，古人认为通过鼓声可以与上天沟通，鼓声是最接近自然的声音，也是人们表达愿望的一种方式，这种表达方式更能体现楚人独特的文化特色和语言风格。我的这种设计就是表达"重振旗鼓"的精神，鼓声响起，振奋人心。这种精神与红色九头鸟象征的热烈与活力交织，充分表现楚人积极向上的精神和热烈奔放的性格，这是我们地域文化的充分表现，是文化与精神的传承与弘扬。

漆器作品《九头鸟新说》

梅花鹿的设计参考曾侯乙墓出土的实物，这个梅花鹿的鹿角是真的，梅花鹿的身体严格复刻曾侯乙墓中梅花鹿的形状。由于人们可能会对古墓文物有所忌讳，我就想着把梅花鹿身上的纹饰换掉。所以在创作构思时，首先，我选定祥云为底纹，祥云有着承载和神化的作用，赋予梅花鹿灵气。其次，在中国传统文化中"福""禄""寿"是吉祥元素，我在祥云的上面设计了一个"五福捧寿"的图案，然后又加上富贵牡丹纹样，使得梅花鹿更显高贵。另外，我还给梅花鹿耳朵加上了独特的纹饰，后面是蝙蝠，前面是波纹，"蝠"与"福"谐音，波纹代表声音，整体形成"福音"的美好寓意，这是一个很巧妙的设计，将我们的民族文化与地域特色通过楚式漆艺这一艺术形式表现出来。为了让梅花鹿看起来更加生动，我还对它的颈部进行了创新设计，将原本僵硬的颈部调整为流畅的圆弧状，这样一来，无论从哪个角度看，都显得非常美观。目前，漆器作品《胎漆木梅花鹿》的市场售价大约为12万元。

漆器作品《胎漆木梅花鹿》

7. 传承·发展壁垒

我们的产品要融入日常生活，就需要与一些企业合作，有些产品还需要从文化层面去研究和挖掘，比如与湖北美术学院及各大专院校的艺术系的联系和合作，这些都需要政府去协调。各地都有代表了该地域文化的艺术品，比如湖北有楚式漆器（又称为木胎漆器）、福建有脱胎漆器、扬州有螺钿漆器、北京有雕漆、平遥有推光漆器等，这些从技艺和文化上都是很有特色的地域文化标志。福建的脱胎漆器，其生产侧重技艺，先制作胎形，再剥离，接着进行表面髹漆和装饰，使其成型；扬州的螺钿漆器采用螺钿、贝壳的镶嵌来充分体现地域特色；平遥的推光漆器则主要是一些梳妆盒、家具，通过绘画来表现地域特色。在多年的实践中，我们也发现了一些问题。部分工艺起步较晚，有的仅仅停留在技术层面，文化内涵相对薄弱，这里主要指的是漆器本身的文化内涵。

漆器作为一种艺术形式，其发展确实面临一些限制。尽管艺术品难成为大众化的流通商品，但是不等于它不能融入我们的生活。如果我们现在需要的是生活化的产品，那么我们就可以大量生产那些易于融入生活的简化版漆艺产品。另外，我们不应局限于必须使用传统大漆来制作漆器。事实上，从过去的大漆到调和漆，再到现在的树脂漆，门窗漆料已经经历了数十年的发展变革。如今，我们重新发掘大漆的潜力，旨在使其成为地域文化的重要载体，这一过程中确实会遇到许多实际问题。在当前市场中，漆类产品的种类繁多，大漆的可替代性较强。此外，大漆制品更适合作为艺术品或装饰品，而非日常频繁使用的生活用品。然而，在特定领域，如古琴、古筝等乐器的制作中，大漆仍然是不可或缺的材料。值得注意的是，在制作过程中，我们可以尝试使用现代喷枪等新技术替代传统工具，但也要根据产品的规模和成本进行灵活选择。采用新工具、新技术是漆器产业化的一个重要途径。另一个途径是，由于漆艺具有多种表现形式，因此可以在多种场合进行展示。无论是地铁站、商场、宾馆，还是其他娱乐、公共场所，都可以融入漆艺元素。

当前市场上的漆艺产品质量存在显著差异。当市场价格被压低到漆艺艺人难以维持生计的程度时，难免会出现一些粗制滥造的产品，这是我们必须正视的问题。一般来说，任何商品在价格被压至极低时，都可能出现质量下滑的现象。因此，评判漆器的好坏，不能仅从商业化的单一视角出发。尤其是当我们从更高层次的文化角度来审视其文化属性时，更应意识到，漆器的品质并非绝对的、可以简单量化的状态。

楚式漆艺完全可以在城市空间中发挥独特作用，例如：在地铁装饰设计中巧妙融入楚式漆艺，彰显楚文化的魅力；设计融合楚文化和楚式漆艺的长廊，不仅能遮风挡雨，还兼具审美价值，行走在长廊的人们可以深切感受到浓郁的楚风楚韵，享受独特的文化氛围。另外，还可以规划特色街道，通过融入楚式漆艺为其赋予独特的文化韵味，游客可以穿上汉绣汉服，品尝楚国美食，购买楚国漆器、青铜器等，从而全方位、多角度地领略武汉独有的楚文化魅力，这些无一不是非遗文化精髓的生动展现。我们需要打破思维模式，不要总是停留在销售小礼品等单一模式上，而忽略了总体的、宏观上的文化体验模式。如果不敢设想并着手打造这样充满楚风楚韵的街道，又怎能期待开拓出更广阔的市场呢？一旦这样的街道成功建成，其市场规模必将随之扩大。将非遗文化真正融入我们的日常生活，确实需要巨大的勇气和魄力。

8. 创新·平台构想

创新在于搭建平台，漆艺与建筑结合将是一个新的领域。比如，在武汉地铁中融入楚文化元素，打造一个充满楚风、楚韵的空间，这里面有很多创新点：从壁画、壁挂到门窗设计，再到色彩搭配乃至整体建筑风格，共同营造出一个如"地下楚城"般的独特环境。其实我们并不是简单地复制古老风貌，而是通过这种形式来展现楚风、楚韵的精髓，这种理念是在传统的基础上注入新的活力，再通过现代手法展现古老韵味，让建筑成为传承与创新的载体。

我们讨论的现代化并不是西方的现代化，而是融合我们自身文化的现代化，即将我们的文化精髓以现代化的方式呈现出来，这才是真正的现代化。我们常常过多地思考一些技术层面和市场战略方面的问题，总是在寻找销售渠道、销售对象，往往忽视了文化层面的深入思考。如果将文化精髓融入经济考量之中，可能会产生意想不到的效果，因为这是一个充满无限可能的广阔平台。

我在学校讲课时，常常想激发学生的文化意识。但目前的问题是，这些学生都太年轻了，无法在短时间内唤醒他们，由于理论知识大多与社会实践是脱节的，楚式漆器离他们的日常生活较远，引导工作变得比较困难，这些都是我在文化探索与现实生活的碰撞中感受到的。由于经济条件的限制，我只有通过我的作品，这一有限的途径，以具体的物象为载体，表达我的见解和心境，这多少带着一点悲哀和无奈。文化的独立性在于地域特色和独特魅力，而文化的广泛性则要融入多元文化，但在融合的过程中要谨慎，如果把所有东西都塞进去，可能会适得其反。

（二）吴星："90后"漆艺艺人贴近新时代消费审美

几年前，笔者由于工作需要，需要开发一些具有湖北地域特色的旅游产品。那时，吴星来到笔者的办公室，中等个子、大大的眼睛、稚嫩的脸庞、坚定的眼神，这是他给笔者的第一印象。他带来了很多自己创作的特色漆艺产品，包括茶具、饰品、装饰挂画、小摆件等，品种丰富且独具匠心，完全不同于笔者之前看到的那些漆艺产品，他的这些漆艺产品更加生活化。小伙子十分腼腆，轻声细语地介绍了一些个人创作背景和基本情况。那份对漆艺的热爱与执着使笔者深受感动，从他的身上笔者看到了楚式漆器传承与创新的希望。持续的合作和交流让笔者看到了他们团队在市场上的巨大潜力。

2021年5月12日，笔者终于有机会探访隐匿于东湖深处的吴星的漆艺工作室。虽然迟来，但不虚此行。驱车穿过洪山区东头村的一条小巷，直至路的尽头，东湖绿道的一个入口旁，矗立着一栋四层高的村民自建房，正是吴星的漆艺工作室所在之处。时值春末初夏，小巷弥漫着泥土与青草混合的清新味道，傍晚的夕阳分外温柔，轻轻地洒落在迎面而来的吴星身上。吴星面带微笑，给笔者介绍漆艺工作室的一些情况：工作室已经与武汉市国漆有限公司（原武汉市国漆厂，以下简称国漆公司）深度合作了一年多，国漆公司主要负责市场销售，吴星团队则全身心投入漆艺产品的制作、创意设计与技术研发。这一种新的市场模式，让这个藏在东湖深处的漆艺工作室，如同依附其旁的爬山虎一般，展现着顽强的生命力，即使经历风雨，依然坚韧前行。

工作室漆器展示空间

漆艺作品展示

工作室一角

(以下根据吴星采访调研口述整理)

1. 与国有企业合作新模式探索

目前工作室与国漆公司的合作模式主要是双方以资本入股,国漆公司主攻市场,我们主攻技术与研发生产。相较于传统漆艺的非遗艺人,我们在研发生产上具有优势,但市场运作能力尚有不足,所以我们需要与类似国漆公司这种本身有市场圈子、有一定资本的大企业进行合作。比如,近期在申请湖北省博物馆门店时,我们发现无法以个人工作室的名义进行申请,一般是企业与企业对接,如果是国有企业参与,能更好地进行资源平等对接,更有利于渠道拓展。在个体开发市场方面,我们仍在探索哪些产品能更受市场欢迎,以实现畅销。我们的产品多样,覆盖高、中、低不同价位,大众产品通常注重创意与便捷生产,而中高端产品则在保持文化与工艺特色的同时,需要平衡价格敏感度。自2020年5月与国漆公司合作以来,产品研发与技术进展顺利,但市场反馈尚待提升。未来,在拓展营销渠道方面,国有企业的参与无疑将带来很大的优势。

2. 深受市场欢迎的新漆艺品

目前市场上热销且供不应求的漆艺产品主要集中在两大类别:一是女性喜欢的普通消费饰品类,如耳环、项链等;二是茶器类,如茶具、茶叶罐等。此外,漆器画也销售良好,如墙上装饰画、小摆件画等。总的来说,方便携带的小件漆艺产品比较受欢迎。自2013年我们的产品进入漆器市场以来,我们已积累了多年的市场经验。我发现目前市场定价在500元至1500元的产品较为畅销,其实,500元以下的产品也比较抢手。茶器类销售额占总销售额的40%,定制类产品则主要依赖老客户推荐及口碑传播,如2020年定制的艺术摆件、沙发、床等大件商品,沙发一套售价可达5万元至6万元,床的售价则为3.5万元至4万元。在总销售额中,定制业务所占的比例为40%。我们制作小件漆艺产品的目的是进行品牌宣传,而非单纯的销售。我们在武汉有经销商网络,包括漆器专卖门店及复合礼品店等,如汉口那家有十几平方米的漆器专卖店,就是我们下属的经销商。我们通过拓展更多的营销渠道来提高市场占有率。

漆艺茶叶器具组合

漆画

公共空间大尺寸漆画　　　　　　漆艺装饰摆件

3. 漆器行业发展模式问题

当前的漆器市场以个人小工作室为主流，企业直接产销的情况极少，市场上更多的是一些民营企业自己创立品牌，与漆器艺人合作，分配生产份额。这些民营企业以品牌形式进军市场，聚焦于品牌宣传，而将生产环节分散至多个小型工作室进行代工，如福建壹品大漆文化传播有限公司，其产品甚至被选为国礼，彰显了品牌的强大影响力。大型企业凭借其丰富的资源，包括供应商体系与市场资源，多采用品牌输出策略运营。它们往往只租赁门面作为展示窗口，将订单灵活调配至各供应商及传承人手中，再由企业统一进行销售。技术导向的小作坊，在这种环境下很难长久生存，除非直接获得政府扶持，或者产品本身具有广泛的市场接受度，且传承人自己本身技术过硬，逐步积累一段时间才会获得与民营企业相当的资源。尽管漆器生产者有很多，但普遍面临市场和平台缺乏、资源对接不畅等难题。目前我们自己能对接上的只有湖北美术馆、湖北省博物馆等文化机构，除此之外，其他区域，如武汉天地的地摊经营，但仅限于特定时段（周六、周日的4～5个小时）与小型饰品（如毛衣链、葫芦挂件、手镯等）的销售。茶具的销售相对平淡，只有商务场合茶具的销量才较为可观。接下来我们计划进军景德镇市场，新客户群体包括乐天集市，该集市周末汇集了全国各地的采购商，入驻门槛相对较低，只要有新产品便可。当前，景德镇创业氛围浓厚，机会很多，产业集群效应显著，这为我们的市场进军策略注入了强大的信心与动力。

漆艺花瓶

　　传统文化的普及，需要平台的支持，没有文化宣传，产品再好也难以实现其价值。当前，湖北省博物馆主厅采用外包运营模式，销售的漆艺产品多为文物复制类，市场表现并不乐观，原因在于未能满足现代人的审美与实用需求。湖北是漆文化的重要发源地，拥有大量珍贵的汉代出土的漆器。然而，游客能买到的产品大多是文物复制品，这限制了漆文化的广泛传播。利用传统漆艺打造既现代又实用的产品，让文化传承更生动、更贴近民众，让漆艺产品融入人们的日常生活，而不仅仅局限于艺术品的范畴。艺术品固然是文化呈现的高峰，普通的文创产品却是连接大众与文化的桥梁。我们在制作文创产品时，坚持使用货真价实的原材料，同时结合现代科技创新，优化生产工艺，设计上力求简洁流畅，采用半机械打磨技术，缩短了制作周期。漆器因工艺特殊，制作耗时一至两个月，我们创新性地采用分段式合作生产方式，由专业团队负责高端漆艺产品的复杂工艺，普通生产者则快速生产满足大众需求的漆艺产品。通过这种灵活的生产方式,我们能够高效地完成诸如每日百只手镯的刷漆任务,建立流畅的工作室流水线。此外,我们还设立了研学项目,针对不同年龄层开设漆艺课程体验,部分课程收费,旨在培养稳定的漆艺爱好者和消费群体。同时,我们还积极地与企业、社区、学校合作,参与者可以到工作室参观学习,工作室提供扇子、手镯制作等多种体验项目,收费从一百多元到几百元不等。历经八年的实践,我们工作室形成了成熟的运作模式、积累了丰富的经验,用最优、最具性价比的方式进行宣传推广,力求让传统漆艺文化在现代社会中焕发新的生机与活力。

漆艺毛笔

漆艺钢笔

4. 传统展会与新媒体营销推广

目前我们参加的一般展会的销售额普遍不高。但是,深圳文博会和茶博会却是极具价值和意义的展会平台。在选择参展地点时,上海、深圳、杭州等地的展会是值得参加的，这与当地经济较为发达、民众消费意识较强有很大关系，这些地区民众的需求与我们的漆艺产品更加契合。尤其是深圳的展会，能吸引全国甚至更大范围的客户参与。通过展会我们可以获取大量行业信息和最新市场资源。传统文化要走向更广阔的市场，必须借用展会渠道，否则只会局限于小众认知，难以摆脱作坊式经营的困境。

与此同时，我们也积极利用新媒体工具拓宽营销渠道。通过建立微信群维护老客户并进行营销，在抖音平台上的开发也取得了不错的反响，尽管当时粉丝数量只有两三千人，但也成功促成若干交易。通过新媒体渠道，我们成功对接了来自厦门、成都、黑龙江等地的客户，实现了信息的有效传递与业务的拓展。类似地，当陶瓷行业出现新技术或创新点时，如景德镇陶瓷贴金箔曾风靡一时，市场价格从数百元至数千元不等，这也启示我们要紧跟市场趋势，快速响应消费者需求。市场产业链的快速发展，促使我们不断扩展漆艺产品的创新边界。一旦市场活跃起来，新产品（如玻璃酒杯外层的漆器装饰等）就如雨后春笋般涌现，这些创新产品能很好地满足消费者追求新鲜体验的需求。在前两年的私人美术馆定制项目中，有客户要求使用阴沉木和大漆制作筷子。从我们的角度来看，这样的设计可能没有必要，因为阴沉木质地较软，外面覆盖大漆后难以体现其特色，但我们也必须尊重客户的喜好，在客户利益不受损害的前提下尽量满足客户的个性化需求，因为市场是以客户的需求为导向的。

5. 新奇特的未来漆艺生活品

目前我们的定制商品涵盖商用的艺术摆件，包括根据客户提供的造型图来定制的石头制品，如果客户选用崖柏木，我们将为其进行外部上漆处理。此外，我们还提供家具（如桌子、床、沙发等）的漆器定制服务；同时，我们也提供与科技产品（如手机、iPad、音箱等）及相关产品（如手机壳等）结合的个性化漆艺服务，这种需求主要以年轻人居多。在日本就有在音箱外部进行漆艺装饰的案例。个人认为个性化科技定制将成为未来的发展趋势。不仅限于此，中国汽车市场，特别是豪车内饰，如方向盘、仪表盘等零部件可以采用大漆工艺进行装饰。我们曾接到过军运会翻译器背面漆艺装饰的订单，客户指定15天完成1000个，虽然漆器工艺的特殊性致使客户的时间要求无法满足,但为我们打开了新的思路,政府或企业消费市场的潜力巨大,产品消费方向应更加灵活多变,不应拘泥于传统模式。文化发展需要有载体,这些载体往往是当下实用且贴近生活的物品。展望未来,文化的繁荣也需要与时俱进,实现设计美学与现代技术的完美融合。

漆艺手机壳

下面我举个例子。一家鱼竿厂家邀请一个位于福建的小型漆艺工作室对其浮漂进行加工,创新性地采用漆艺来装饰鱼缸及浮漂。这一合作在短短一年内便创造了超过 2000 万元的销售额。这一成功案例背后,不仅反映了钓鱼爱好者强大的消费潜力,也体现了厂家通过引导消费,成功地将文化附加值融入产品,被消费者广泛接受。此举不仅为传统文化的传承与发展开辟了一条新路径,也为其他行业的创新发展提供了宝贵启示。例如,我们可以考虑将漆艺与高端服饰品牌相融合,为奢侈品服饰设计商品吊牌,定制漆艺胸针、吊坠等,不仅为消费者提供了多样化、新形式的产品,又满足了消费者对于独特消费体验的追求。另外,我们还可以将大漆胸针作为参加私人美术馆展览活动的嘉宾的纪念品,大家佩戴大漆胸针出席活动,氛围瞬间变得与众不同,这种将传统漆艺与现代活动场景巧妙结合的做法,展现出了极佳的视觉效果和深远的文化意义。

6. 漆艺文化推广与市场创新策略

我们是有明确的市场发展思路的。一方面依赖艺人自身的专业能力,另一方面期待有远见的投资者给予支持与助力。疫情前,我们开设漆艺体验课，半天之内就能安排七八场。此外，我们的材料包便于携带，能够根据客户需求，在任何指定地点提供课程体验。我们的体验课主要服务于企业、团体客户及社区群体，单场人数最多可达90人。近年来，我们积极响应国家号召，推动文化进社区活动，借此东风，我们的漆艺课程得以广泛传播。很多学校找我们合作，这让我意识到市场创新需要转变思路与方式。

在产品设计方面，这几年大漆犀皮纹比较流行，这种漆器工艺的技术含量并不高，没有技术基础的人员经过培训也可以马上投入量产。然而，要维持消费者的持续兴趣与复购率，只有按季度、按主题持续地创新。其实，传统手工艺创新的空间还是比较大的，相比之下，机械化生产方面却有限制。为紧跟市场趋势，我们频繁更新手镯等首饰的款式，通过改变造型或装饰手法，使产品紧贴市场需求。同时，我们重视开发有针对性的主题产品，根据客户的具体需求和场合来推荐不同的产品。

此前，我有幸参与了农博会，当时同展的有洪山菜薹、武汉老字号点心等。我利用这一平台，积极向观众普及漆艺文化知识，引起了热烈反响，大漆工艺品成为大家关注的湖北特色产品。我深切感受到，只有深入挖掘并讲述其背后的文化故事，才能拓宽观众的认知边界，帮助他们明确自身的需求。市场需要那些能将生产工艺、悠久历史文化与当代生活巧妙融合的文化产品。有一次我在博物馆里听到有人询问哪里买得到适合日常使用的平价漆艺产品，这深深触动了我，同时也揭示了当前市场面临的问题，即传统漆器距离普通百姓生活太远，市场接受度有待提升。

三、点评

（一）突破传承壁垒，产业化发展是关键

无论是"50后"的刘比建大师，还是"90后"的新生代漆器手艺人吴星，他们都一直坚守着一个梦想，就是通过漆器技艺传承，让更多人认识和了解这项非物质文化遗产，路虽艰难，但他们对漆器的热爱与执着之心从未改变。刘比建大师是楚式漆器的"传统"守护者，他的漆器作品大多走的是高端路线，

他坚持传统的手工作坊式的经营模式，为小众群体定制漆器精品。吴星是楚式漆器与现代元素融合的实践者，他制作的漆器多倾向于生活化用品，走的是亲民路线。他积极寻求与有市场资源的大的国有企业进行战略合作，借鉴福建等漆器产业发达地区的成功模式和经验；积极参加深圳文博会等各种展会，吸收行业最新信息；尝试开设专业化的连锁漆器门店，凭借敏锐的市场洞察力，其漆艺产品深受市场欢迎，反响热烈。

尽管如此，楚式漆器的发展仍面临着诸多壁垒和挑战，目前，湖北地区的漆器工作室寥寥无几，漆器艺人也屈指可数，人才严重短缺是阻碍楚式漆器市场化活态传承的重要因素之一。

另外，楚式漆器的生产成本高也是产生壁垒的重要原因之一。生漆，又称国漆或大漆，是从漆树上采割的一种天然树脂涂料。生漆质地细腻、附着力强、耐腐蚀、耐磨损，是楚式漆器制作必不可少的原材料。然而，生漆的产量有限，其采集过程复杂且耗时，再加上漆树的生长速度较慢，需要多年的培育才能达到采集生漆的条件。随着人们环保意识的提高和可持续发展理念的普及，人们对于天然资源的审慎使用导致生漆的开采受到更多限制，然而市场需求却在不断增长，这种供需不平衡使得生漆的价格逐年上涨，生漆价格的上涨和产量的相对减少，使得楚式漆器的生产成本不断提高。

如果没有有效的解决方案，楚式漆器的产业发展可能会受到严重影响。因此，要实现楚式漆器产业的持续健康发展，就必须从根本上解决人才短缺、成本控制，以及技艺传承与创新等方面的难题。

（二）品牌导向，新型行业经营模式创新

从刘比建大师的传统个人工作室到吴星探索的国企合作新模式，传统工艺在现代化市场传承过程中遇到了不同的难题。传统漆艺古乐器市场受限于狭窄的受众群体，而新生代经营模式则处于探索与磨合阶段，两者都未产生足够的经济价值。相较于我国其他地区的漆器，楚式漆器的文化内涵更为深厚，它的市场化与活态传承更加需要产业化的强力推动，展现出更为显著的发展优势和潜力。因此，如何创新设计开发产品，同时探索适合楚式漆器既尊重传统又融合现代需求的产业发展模式，从而引领楚式漆器走出困境，实现可持续发展，是楚式漆器市场传承的关键所在。

未来，无论是个人漆艺工作室还是企业型漆艺工作室，从长远的可持续发

展的角度看，树立自身品牌是立身之本。当然，对一些在市场上已经具有较大知名度或本身已获得国家较高荣誉的非遗大师而言，用个人名字注册品牌或商标更具标识度和优势；而一些企业型漆艺工作室，由于缺乏具有足够影响力的大师级荣誉，因此应重新构建符合自身特色的企业品牌，统一对外标识，这将更有利于企业型漆艺工作室的长期发展。此外，除之前谈及的吴星采用的国企合作模式，随着市场需求的变化，更多新型经营模式将应运而生，如与学校、社区、企业的合作，甚至国有企业完全收购私人工作室等多元化形式，共同推动漆艺产业的创新与发展。

（三）客户认知度低，漆艺市场容量有限

（1）高端漆艺产品市场容量有限。

高端漆艺产品始终占据着漆艺产品的金字塔顶端，许多漆器艺术家的作品价格不菲，甚至有的作品被视为非卖品，但这类艺术品的市场容量有限，一般只有在公共空间，如地铁、公园、大型酒店等场所，以巨幅形式展示与销售，以此吸引特定的高端客户群体。尽管如此，整个高端漆艺产品市场尚未完全打开，有待进一步挖掘与拓展。对于一些省级非物质文化遗产中的传统漆器技艺传承人而言，他们创作的高端漆艺作品蕴含独特的艺术价值与工艺精髓，其目标客户群体更为小众而精准。如刘比建大师的《唐韵天歌》《九头鸟新说》等作品，凝聚了艺术家深厚的情感及精湛的技艺，一般作为艺术珍品被收藏。此外，漆艺古琴、漆艺古筝等乐器，因为是纯手工制作而价格不菲，虽然是不可多得的艺术性与实用性兼具的珍品，但市场需求有限。

（2）中低端漆艺产品规模化与创新难。

中端商务类漆艺产品，如漆艺茶具、装饰画及摆件等，其制作周期至少一个月，即便部分工艺可以通过模具实现一定程度的批量化生产，但大多数步骤仍需要手工完成，当然这正是为了保留手工艺术的精髓，却也限制了其规模化生产。类似地，一些面向旅游市场的低端漆器商品也同样如此。中低端漆艺产品的价格一般在几百元到几千元，普通大众是消费得起的。因此，为了持续吸引市场关注并满足消费者多样化的需求，漆艺从业者或者企业更需要不断推陈出新。然而，创新的产品设计始终是一项艰巨的任务，漆艺从业者不仅需要精通技艺，还需要了解市场的发展趋势及消费者偏好。因此，广泛的宣传推广与深入的知识普及对于实现漆艺文化的传承与市场拓展至关

重要。

（3）普通大众对楚式漆器认知度低。

普通大众对楚式漆器比较陌生，了解及认知渠道非常有限。即便有少数人了解，由于部分漆器原型为古代陪葬品，他们在面对复制出土文物的漆器艺术品时心理上有些难以接受。博物馆中展示的一些传统漆器，除了被作为湖北特色商品被外地游客购买，湖北本地民众很少购买，因为这些漆器在日常生活中并不常用，而且多数人不愿意购买出土文物的复制品。此外，还有一些民众认为漆器不环保，尤其是用大漆制作的碗筷等生活用品，担心其对身体健康有害。其实这是一种误解，因为天然大漆是无毒的。基于以上情况，普通民众在漆器消费方面确实存在一些阻碍。

（四）漆器文化传播——新媒体应用

漆器文化传播是推动漆器融入人们现代生活的关键，漆器消费本质上是一种对文化艺术价值的追求和消费。漆器不同于生活消费品，首先需要消费者对漆器文化有正面的认知与情感共鸣。消费者购买漆器是基于对漆器文化的兴趣，因此除了非物质文化遗产代表性项目保护单位积极利用公益新媒体进行大众宣传，工作室的漆艺大师和从业者们也需要关注新媒体资源的应用，例如，可以通过创建个人视频号等方式，增加曝光率，扩大传播范围，积极入驻快手、抖音等平台，利用这些平台广泛传播漆器文化，让更多民众能正确认识和欣赏漆器艺术，同时，提供更多的资源对接平台，进一步推动漆器市场的繁荣发展。

（五）产品创新——基于器用价值的跨界融合

漆器的器用价值主要体现在漆艺产品研发，以及对满足人们实际生活需求的实用价值的重视上。在产品设计和开发上，我们要突破传统上仅聚焦于漆器单一材质的局限，大胆创新，实现多种材质的融合开发，如大漆浮漂鱼竿就是跨界开发的成功案例之一，此外，还有漆器与玻璃、木材、陶瓷等产品的融合开发等。作为新时代的非遗手艺人，我们应具备前瞻性的跨界产品开发思维，不仅要有精湛的技艺，更需具备战略眼光与创新思维，在产品材料、主题、文化内涵等方面进行深度融合与创新。

笔者在非遗市场运营的实践探索中，最为成功的一次漆艺产品跨界开发成果是漆艺汉绣多功能盒。此款产品将漆艺与汉绣相结合，两者相辅相成，不仅丰富了产品的文化内涵，更为"武汉礼物"系列开发增添了光辉一笔。因为是旅游商品开发，市场客户价格敏感度高，所以我们将成本控制在百元以内，这对单个产品的开发制作成本提出了严苛的要求，最终，我们采用原创半手工机推汉绣与漆艺相结合的方式进行小批量试制，市场反馈良好。从微观层面来看，这是产品开发的成功案例。从宏观层面看，漆艺与建筑、环境艺术等方面结合是另一种跨界融合。

（六）教育培训市场，新的传承掘力点

漆艺培训市场正处于蓬勃发展和持续变化之中。近年来，随着人们对传统文化的重视和保护，漆艺这一古老的艺术形式逐渐受到关注，吸引了越来越多的人前来欣赏和学习，从而为漆艺培训市场注入了强大的发展动力。以吴星为代表的年轻漆器艺人积极拓展企业客户、社区客户、学校客户等，以DIY的方式为企业提供漆艺团建课程、为社区提供漆艺文化培训、为学校提供漆艺知识普及服务等，刘比建大师的工作室也吸引了众多慕名而来的漆艺手工爱好者，这些都彰显了漆艺培训市场的吸引力和影响力。漆器手艺人在市场开发过程中，让客户体验到漆艺手作的快乐，通过漆艺培训让更多人了解和认识到漆艺的独特魅力，促进了非物质文化遗产的传承与发展。未来漆艺可以与雕塑、陶瓷、书法等其他艺术领域展开跨界培训合作，导入新的传承着力点，进一步推动其多元化发展。

（七）传承生态环境，合作联盟思维

漆器传承的生态环境构成了一个复杂的系统工程，涵盖了社会、教育、市场、政策和文化五个关键领域。这一工程的建设需要政府、漆器传承人与艺人、行业协会以及企业的共同努力。

政府通过强化文化宣传、组织艺术展览和开展文化活动等手段，提升社会对传统艺术的关注和认识，营造一个尊重、保护和传承传统艺术的良好社会氛围，这有助于为漆器传承创造一个适宜的社会环境。教育体系中融入传统艺术相关课程，使学生自幼接触并理解传统艺术，激发他们对传统文化的认知和兴趣，

从而提高他们的技能和艺术修养；通过建立完善的市场机制，为传统艺术产品开拓更多销售渠道和展示平台，鼓励企业和社会组织支持和推广传统艺术产品，增强其市场竞争力，提高经济效益；制定相关政策和法规，如文化产业发展政策和与非物质文化遗产保护相关的法规等，确保传统艺术得到政策和法律层面的支持；加强国际文化交流与合作，吸收其他国家和地区的优秀传统文化，推动传统艺术与现代文化的融合与创新，形成一个多元文化交融的艺术生态环境。

近年来，各地政府积极推进文化强省建设，社会、政策与文化环境得到了明显改善。鉴于市场环境对非遗传承可持续发展的至关重要性，吴星漆艺工作室决定将业务重心转移到江西景德镇，在该地设立工作室和对外展示销售中心，依托江西景德镇陶瓷产业更为优越的市场环境。这些年轻的从业者还在积极探索合作新路径，如与企业合作开设漆器专营店，以及跨界与陶瓷工作室合作开发产品等，这些举措的最终成效及市场未来的表现值得期待。

四、思考：楚式漆器市场化活态传承的创新路径

（一）路径之一：多样化的经营模式

目前，楚式漆器市场主要由个人工作室主导，直接参与生产和销售的企业寥寥无几。市场上其他行业的民营企业创立自己的品牌并与漆器艺人合作，通过签订明确份额的协议。这些民营企业以品牌化策略进入市场，并积极推广品牌，同时将生产环节集中在小型工作室，这些工作室作为代加工点运作。大企业拥有丰富的资源，包括供应商渠道和市场资源，能够根据需求将订单分配给不同的供应商和非遗传承人，并负责统一销售。对于那些依靠技术传承的非遗传承人来说，这既是机遇也是挑战：一方面，这种形式有助于他们开拓市场；另一方面，由于大企业在渠道和市场资源上的优势，非遗传承人在合作中的话语权较弱，容易受到大企业的制约。

总的来讲，因传承人的年龄、经营理念等各不相同，可以根据实际情况，采用适合自己的经营模式。目前，国内非遗项目有以下几种企业化运营模式。

国内非遗项目企业化运营模式

模式	概念	举例
特别权力保护模式	由权力主体（政府）主导，通过法律程序确定非物质文化遗产生产性保护的模式	社区文化服务中心＋传习所＋博物馆
以人为本保护模式	以非物质文化遗产传承人为核心的保护模式	传承人＋传承人工作室
博物馆保护模式	通过博物馆中文字、图像等方式将非物质文化遗产生产性保护的技艺保留下来并存档保护的模式	公司＋博物馆＋传习所＋文化旅游观光线路
活态保护模式	回归非物质文化遗产的传承空间、传承时间的活态保存非物质文化遗产的模式	农户＋传习所＋生产作坊＋公司
生态圈保护模式	选择一个或几个完整的、公认的具有现实保护意义的"生态文化圈"，对非物质文化遗产进行整体规划的模式	公司＋合作组织＋生产基地

下面以楚式漆器的两位传承人刘比建和吴星为例进行探讨。刘比建大师可以采用博物馆保护模式，其作品主要为荆楚特色精品漆器，并且他与湖北省博物馆有着长期合作的关系，那么可以将这一资源与文化旅游观光线路开发相结合，将这些荆楚特色精品漆器作为高端旅游产品的亮点进行推广。吴星则可以采取活态保护模式或生态圈保护模式，吴星的漆器作品主要为现代装饰品或日用品，具有较为广阔的市场需求前景，可以将其与区域农户或合作组织的经济生产活动相结合，打造成为特色文创旅游产品，在实现经济效益后，可以进一步推动建设生产性保护示范基地。此外，从更宏观的层面来讲，可以依托湖北省博物馆以及东湖风景区沿线，逐步规划并打造成为"楚文化观光旅游圈"。在打造本区域文化旅游观光产品的同时，以"公司＋合作组织＋生产基地"的模式系统整合并规划楚地各非遗项目，有效促进非遗项目的联合发展，实现资源共享与优势互补，推动非物质文化遗产的产业化发展和活态传承。

（二）路径之二：基于跨界融合的产品创新

1. 基于器用价值融合的产品设计创新

著名漆画艺术家、清华大学美术学院的乔十光教授曾犀利地指出，中国现代漆艺缺乏实用性，这就是中国现代漆艺当前所处的困境。为了扭转这一局面，我们应注重漆器本身的实用功能，生产出涵盖高、中、低档次的多元化的系列产品，不断推进漆器工艺技术的创新和研发，同时普及漆文化教育，加深民众对漆文化的理解和认同。

器用价值主要体现在产品研发过程中对产品在实际生活中实用价值的重视。根据市场调研，笔者认为，除了在产品材质方面进行跨界融合创作，在产品形态上也可进行设计创新。漆器的应用不仅限于礼器制作，古代就有将漆艺用于室内装饰结构的先例。当下，不少设计师已经敏锐捕捉到了漆元素在日常家居环境中的运用，将漆元素与现代家居设计相结合，开发出新中式漆艺家具和软装饰品，为现代生活空间增添了浓厚的文化底蕴与艺术气息。此外，传统漆文化也被创造性地引入到现代公共环境中，如地铁站的走廊、商场回廊等场所，这些设计完美展现了我国的传统文化，增强了环境的艺术性和文化性，营造出既具有传统韵味又不失现代感的空间氛围。此外，大漆还可以运用在时尚领域，如漆饰品的打造，将传统工艺与现代时尚完美融合，为时尚界注入了新的活力与灵感。

2. 平衡传统与现代的漆器商业化策略

为解决产能不足的问题，我们必须在维护传统工艺的同时，合理引进高新技术，以找到二者之间的平衡点。在非物质文化遗产领域，机械化生产引发了广泛的讨论。一些人反对机械化，认为机械化剥夺了传统手工艺的本质，而另一些人则支持将传统手工艺与高新技术相结合，认为这样不仅能够为传统手工艺注入新的活力，还能通过技术创新提高生产效率。笔者认为，每个时代都有其独有的特征。在当今工业化迅速发展的背景下，我们应该以更加开放的心态来看待手工制作与机械制作之间的关系。需要明确的是，我们并不主张将楚式漆器转变为粗糙的中低端流水线产品。漆艺是一门精致的传统手工艺，具有极高的审美价值。手工制作的核心价值在于其独特的材料选择、工艺技巧和文化内涵。因此，我们必须保持漆器在这些方面的传统特色。完全放弃其精神文化内涵和手工制作的独特美感显然是不明智的。

我们可以采取"双轨并行"的产业化生产模式，即实施半机械化生产和纯手工生产并存的策略。针对多样化的市场需求，漆艺产品可分为高、中、低三个档次。高端漆器应专注于手工打造，定位为高级艺术品，以满足高端艺术收藏市场的需求；中端和低端漆器则可以应用于日用消费品市场，在确保核心工序和文化内涵不受影响的前提下，适度引入机械化生产以提高效率，生产出满足日常需求的漆艺餐具、漆艺首饰等产品。手工打造的高端漆器在追求美观和吸引力的同时，确保了传统手工技艺的传承，为漆艺注入了生命力；而通过机械化方式生产的漆器，则利用其高效和成本优势，能够更广泛地满足市场需求。

（三）路径之三：创新模式下漆器文化品牌塑造

在当今这个日新月异的时代，传统文化的传承与发展面临着前所未有的挑战与机遇。楚式漆器是中国漆器艺术的瑰宝之一，承载着深厚的历史文化底蕴和独特的艺术魅力。然而，要让这一古老艺术在现代社会中焕发新生，就必须在创新模式下进行漆器文化品牌的塑造。

创新是漆器文化品牌塑造的核心驱动力。传统的漆器工艺虽然精湛，但如果不加以创新，很容易在激烈的市场竞争中失去活力。因此，我们需要将现代设计理念与传统漆器工艺相结合，创造出既具有传统韵味又符合现代审美需求的漆艺产品。这不仅可以提升漆器的艺术价值，还能拓宽其市场受众，为漆器文化的传承与发展注入新的活力。在此背景下，在探索漆器文化深层含义的过程中，我们应当从精神观念和艺术表现等多个维度着手，广泛搜集文化元素，并筛选出具有代表性的内涵作为品牌的核心，将次要内涵作为补充，深入挖掘并整合这些文化内涵，不仅能推动创新设计，还能激发受众的文化共鸣与自豪感，在打造漆器文化品牌体系的同时，注重品牌故事的构建与传播。每一个成功的品牌都有其独特的品牌故事，这些故事往往能够触动人心，引发消费者的共鸣。对于漆器文化品牌而言，我们可以深入挖掘漆器背后的历史渊源、文化寓意，甚至是某一类新开发漆艺系列产品的工艺特点，将其转化为生动、感人的品牌故事，并通过多种渠道进行传播，以增强品牌的知名度和美誉度。在日本，高端的大漆艺术品广泛应用于豪华家居装饰和建筑领域，尽管如此，其品牌价值尚未得到充分开发。楚式漆器作为中国漆器艺术的瑰宝之一，在漆器发展的悠久历史中占据着举足轻重的地位。然而，尽管它具有极高的艺术价值，其知名度却并不高，普通市民对它仍然感到陌生。因此，在塑造楚式漆器品牌的过程中，首要任务是深入挖掘和展示其深厚的文化底蕴，强调楚式漆器的历史、艺术和文化意义，通过提升市民的直接参与感，使他们能够领略漆器文化的独特魅力和深远影响。在品牌建设的过程中，保护知识产权同样至关重要。例如，创新设计的漆艺茶叶罐、漆艺手机壳等新产品，很容易成为模仿的对象，进而引发大规模生产。因此，如何为这些创新产品申请专利保护，确保知识产权不受侵犯，是未来漆器手艺人必须重点关注的关键领域之一。

此外，漆器文化品牌的塑造还需要注重与消费者的互动与体验。在现代社会中，消费者对于产品的需求已经不仅仅局限于物质层面，更多地追求精神上的满足和体验上的愉悦。因此，我们可以通过举办漆器制作体验活动、开设漆器文化讲座等方式，让消费者近距离感受漆器的魅力，了解漆器的制作工艺和文化内涵，从而增强消费者对漆器文化品牌的认同感和忠诚度。

综上所述，创新模式下漆器文化品牌的塑造是一个系统工程，需要我们在传承中创新，在创新中发展。只有这样，才能让漆器这一古老艺术在现代社会中焕发出更加璀璨的光芒。

（四）路径之四：多渠道建立漆器人才培养机制

随着现代人审美观念的变化，楚式漆器的生产也要紧跟形势做出改变。漆器的艺术表现力主要体现在造型、纹样与质感等方面，这要求设计者要有一定的美术功底，能敏锐感知当下的审美风尚，并对现代时尚审美有精准而深刻的把握，在创作中紧跟潮流趋势。在当前楚式漆器行业内，这样既有艺术敏感度又具市场洞察力的设计人才极为稀缺。

当前，楚式漆器经营者主要是传承人或者没有技艺背景的从业人员，因此，既懂楚式漆器艺术，又懂经营管理的复合型人才极为稀缺。传承人虽然掌握着传统的漆器制作核心技术，但很多受限于文化水平，对于市场的认识有一定局限，在企业管理方面往往比较简单和随意。因此，政府应鼓励高校、企业、市场间建立联动机制，加大对漆器设计及运营方面的人才培养力度和投入。

推动漆器工艺的进一步发展的重点在于构建一个多元化的人才培养体系。其一，可以考虑与各类职业院校建立紧密的合作关系，采用订单式的培养模式，以确保培养出的人才能够满足行业需求。例如，加强与国内外知名艺术院校的合作，通过定制化的课程和实践项目，培育出更多具备扎实专业素质和高超技艺的漆器人才。其二，对于已在漆器行业内工作的从业者，应当重视他们的继续教育和专业培训，提供丰富的学习资源和交流平台，使他们有机会与其他行业的优秀人才深入交流，从而拓宽他们的视野，提升他们的技艺水平。

此外，地方政府在人才培养方面扮演着至关重要的角色。应当致力于营造一个有利于吸引和培养人才的良好政策环境，制定并实施一系列激励政策，以鼓励人才的创作和研究。这些政策可以包括提供资金支持、税收优惠、创新奖励等，以激发漆器工艺人才的创新热情和创作活力。通过这些措施，可以为漆器行业注入新鲜血液，推动其持续发展和繁荣。

（五）路径之五：漆艺的教育和传承

研学旅行是文旅融合的趋势之一。漆艺具有导入研学课程的先天优势。为了有效促进漆艺的教育和传承，我们拟定了如下具体措施。

1. 开展漆艺公益课程及讲座

在社区中心等场所举办漆艺课程，邀请专业的漆器艺人或者艺术家进行授课，介绍漆器的基本知识和制作流程，让社区居民了解和感受漆器艺术的魅力；将漆艺课程纳入中小学及高校的素质教育体系，让学生了解和学习漆器技艺，激发学生对传统文化的兴趣；在湖北省图书馆、武汉市图书馆等文化场所举办专题漆艺讲座，邀请专业的漆器艺人或者艺术家亲临现场，深入挖掘漆器的历史渊源、文化内涵及制作工艺，提升公众的艺术鉴赏力。此外，还可以开设漆艺实践课程，让公众亲身体验漆器制作。

2. 建立漆艺学术研究与交流平台

建立漆艺学术研究机构，设立研究项目，吸引学者和艺术家进行漆艺的相关研究。研究项目内容包括漆器的历史、文化、美学，以及漆艺的创新发展、材料应用、制作工艺等，吸引国内外学者和艺术家共同参与，推动漆艺的理论深化和实践创新，提高漆艺的国际影响力。

3. 开发漆艺在线课程和评测体系

邀请专业的漆器艺人或者艺术家拍摄教学视频，介绍漆艺的基础知识和制作流程，并在互联网平台上发布。学习者可以通过观看视频进行自主学习。此外，提供漆艺的在线教程和相关文档，包括文字、图片、音频、视频等多种形式，满足学习者的不同需求。开通在线论坛和社交媒体平台，供学习者交流和分享学习心得和作品。提供在线测试和评估，对学习者的漆艺掌握程度进行评估和反馈，让更多人可以在家中自主学习和了解漆艺，扩大漆艺的学习群体和传播范围。

以上措施有利于推动漆艺的教育和传承，拓宽漆艺的学习和传承渠道，让更多人接触并深入了解这一优秀的传统文化，共同推动其传承和发展。

（六）路径之六：现代科技推动漆艺创新

随着我国文化和科技深度融合的不断推进，利用现代科技手段推动楚式漆艺的发展和创新，具有时代必要性。具体而言，可以从以下几个方面入手。

1. 数字化记录与保护

利用数字化技术，将楚式漆器的制作流程、工艺细节、材料特性等细节记录下来，建立数字化档案，以便于传承和研究。同时，数字化技术还可以用于漆器艺术的保护和修复，如运用3D打印技术，实现珍贵漆器文物的数字化复制与展示，进而推动传统文化的广泛传播与有效保护。

2. 新型材料与生物技术的应用

现代科技的发展为漆器制作提供了更多可供选择的新型材料，如环保材料、高性能材料等。这些新型材料的应用，不仅可以提高漆器的耐用性、抗腐蚀性及保温性能等，还能满足消费者对漆器的不同需求。生物技术的发展为漆器的修复与保护开辟了新途径，延长了漆器的保存寿命，提升了其文化价值与市场价值。

3. 创新设计与虚拟体验

利用现代科技和设计软件，如数字化建模、模拟与优化设计等，对楚式漆器设计进行优化和创新。这不仅可以大幅缩短产品开发周期，提高产品设计质量和效率，同时也为产品设计师提供更为广阔的创意空间。此外，通过可视化技术对漆艺产品的设计、制作乃至修复等过程进行实时监控和调整，可以确保产品制作精度和质量。应用虚拟现实技术可以让消费者身临其境地体验漆艺产品制作过程，进而加深对漆艺产品的了解和认知。

4. 智能化制造与工具

利用现代智能制造技术，如机器人制造、数控加工等，实现漆艺产品的自动化和智能化生产，这不仅提高了生产效率、降低了生产成本，同时也为漆艺产品的定制化生产开辟了道路，充分满足消费者的个性化需求。尤其是在旅游产品和文创商品等领域，这一技术的应用尤为广泛。真正高端楚式漆器精品，其独特的艺术价值与精湛的手工技艺，始终是智能制造技术难以完全替代的。此外，利用智能化工具，如智能化雕刻机、智能化喷涂设备等，进一步提高了漆艺产品制作的效率和精度。同时，利用智能化工具对工艺流程进行优化和改进，能提高漆艺产品的品质和市场竞争力。

此外，我们可以利用信息技术搜集和分析市场需求、消费者行为等数据，为漆艺产品的研发和营销提供数据支持。同时，利用互联网平台和社交媒体，拓宽漆艺产品的宣传渠道与销售路径，有效提升其市场知名度与销售业绩。

综上所述，现代科技的应用，可以有效推动漆艺的发展和创新，提高漆艺产品的性能和品质，满足消费者的需求，同时也为漆艺的传承和发展提供更为坚实的支持和保障。

（七）路径之七：提高楚式漆器产业规模及产值，打造完整的产业链

目前楚式漆器从业者不多，各自为营，正处在产业形成的初级阶段。要实现楚式漆器产业的进一步发展，首先需要解决的是行业内部的整合问题。通过政策引导和市场机制，鼓励私人小企业之间加强合作与合并，逐步形成规模较大的企业集团。在此过程中，培育具有引领作用的龙头型企业，打造拳头品牌漆艺产品，这样不仅可以提高生产效率，降低生产成本，还能增强市场竞争力，为楚式漆器的推广和销售提供更有力的支持。同时，政府和行业协会应发挥积极作用，为楚式漆器产业提供必要的支持和帮助，具体措施包括:设立专项基金，支持企业进行技术创新和产品开发；举办各类展览和交流活动，提高楚式漆器的知名度和影响力。此外，楚式漆器产业还需要重视品牌建设和市场拓展，通过打造具有代表性的品牌，提升产品的附加值，并积极开拓国内外市场，尤其是针对高端市场和文化礼品市场实施精准营销。通过这些措施，楚式漆器产业有望逐步从产业形成的初级阶段，迈向产业成长和扩张阶段，最终实现产业的创新和升级。

马口窑陶器篇

一、非遗档案

（一）历史渊源

马口窑是分布在湖北汉川市马口、马鞍一带烧制陶品的窑口的统称，主要的窑口有喻家窑、七屋窑、八屋窑、杨家窑、徐家窑、王家窑等。马口窑陶器（又称马口陶器、马口陶瓷）作为湖北民间陶器，与麻城蔡家山窑陶器和蕲春管窑陶器并称为湖北三大陶器。

《汉川县志》记载，汉川陶瓷业分布在系马口，始于明隆庆年间（1567—1572年），至今已有500多年历史，《汉川图记征实》记载其器较他处为坚。

鼎盛时期，马口窑有36座龙窑，各个窑口均以个体手工作坊为主。

1956年，政府将36座龙窑、108家作坊合并，组建了当时孝感地区首家国有企业——汉川陶瓷厂。同时，引进了动力机械设备100余件并成功改良制陶品种达200多个，并将生产的陶器划分为日用陶、工业陶、工艺陶三大类，逐渐形成了以日用陶和工业陶为主、工艺陶为辅的生产经营模式，从此改变了原始作坊纯手工制作的生产模式，使汉川陶瓷厂成为湖北省陶器制造业中规模较大的工厂之一。

20世纪60年代，汉川陶瓷厂在继承传统工艺的基础上开发并生产了以八仙坛、空雕龙坛为代表的一系列传统工艺精品，这些陶器造型古朴典雅，不仅在国内获得好评，还远销日本、美国和东南亚国家，获得了社会各界的广泛青睐与赞誉。

20世纪90年代，由于景德镇瓷器的兴起，以及塑料市场的冲击，马口窑逐渐停产、关闭。

2000年，最后一个马口窑——九孔窑关闭，流传了400多年，被誉为"中国民窑之首"的马口窑彻底熄灭。

2008年，马口窑古窑址被列入湖北省省级文物保护单位。

2011年，马口陶器烧制技艺成为湖北省非物质文化遗产。

2019年，湖北黄龙湖文旅集团在汉川市马鞍乡，修复了马口窑、喻集龙窑，重燃窑火，建起了黄龙湖马口陶文化传承基地。

马口窑陶器茶具组合

（二）技艺特点

1. 取材

马口窑的古遗址位于湖北省汉川市马口镇，属于江汉平原地区。马口窑主要以当地特有的红黏土为原料，这种黏土富含钾、钠、钙及铝硅酸盐，土质细腻、密实，土层很薄，地底下一米处便可挖取，资源十分丰富，是烧制马口窑陶器的理想原材料。得益于这一得天独厚的天然黄土资源，马口窑陶器展现出了别具一格的特色。马口窑陶器不仅富含多种微量元素，还具有疏松的透气结构，耐腐蚀、防渗漏，能够长时间储存茶叶、食品等，即便是用于泡茶等，也能保持其原有风味。

2. 造型

马口窑陶器属于民间陶器，其造型因用途不同各异。马口窑陶器大致包括缸类陶器、坛类陶器、壶类陶器、盆钵类陶器等，大多为民间生活器皿，既实用又美观。

二十四孝剔花七饼茶叶罐

缸类陶器一般有浅腹、深腹之分。浅腹缸一般口部大、底部小，主要用于盛装水和粮食，方便取放和搬运；深腹缸一般口部与底部同大，容量大，置地平稳，主要用于酿酒、储存物品、腌制食品等。

坛类陶器中，腌菜坛最为常见。其口部较小且封闭，便于腌制过程中把食材压得紧实些，从而保证坛内良好的密封性。此外，坛类陶器还包括酒坛、水坛等。

壶类陶器包括酒壶、油壶及茶壶等。酒壶以造型别致、装饰精美而远近闻名；油壶造型特征为小口、长颈、扁腹、直嘴；茶壶造型的独特之处在于部分款式有四耳设计，便于穿绳提运。

盆钵类陶器包括花钵、盐钵及搓钵等。搓钵内周刻有条纹，便于揉面、搓粉等操作。当地农村居民时常将莲藕、红薯等在搓钵内摩擦成泥状，制作丸子、

八大山人小茶壶

油条等食品。

3. 装饰

（1）刻画花。

汉川马口窑陶器刻画花绝大多数采用的是刻花和剔花手法。刻花是用竹刀或金属刀在生坯上刻出深浅、粗细不一的纹样，同时，可借助竹针、铁针在生坯上刻出装饰花纹和人物等图案细节。剔花是用工具剔除花纹之外的多余部分，使雕刻更加立体、形象。马口窑陶器在工艺处理上往往将刻花和剔花手法巧妙结合，共同营造一种类似浮雕的艺术效果。此外，马口窑陶器刻画花纹样中人物题材的装饰纹样最具代表性，此外，花鸟纹样也不在少数，它们构图饱满，为马口窑陶器刻画花技艺增添了无限魅力。

瓜瓞连连剔花茶叶罐

（2）釉下堆塑。

在陶器制作过程中，工匠们将细腻的白陶泥在陶器表面进行堆塑，创造出人物、花鸟、植物、文字等浅浮雕造型，使用专门的工具辅助刻花，增强造型的生动性和丰富性。清代工匠们所设计的纹饰更重视纹路的繁密,力求通过繁复、细腻的线条展现陶器的艺术韵味,其中,马口窑陶器的"釉下嵌花"展现的传统工艺极为精湛。

4. 釉色

马口窑陶器釉色主要为黄色、绿色两大类,底胎大多为暗红色。近距离观察马口窑陶器可发现其釉面有大量雨滴状釉珠及其流淌的痕迹。釉面是天然草木灰调制的单色酱黄釉和酱青釉,釉色与汉川本地盛产的鳝鱼的颜色颇为相近,故而将这种釉色称为鳝鱼黄、鳝鱼青。釉料是按一定的比例调制而成的,由于其中蕴含的植物灰能使釉面变成透明的黄色,烧后呈黑色,所以烧出的釉色呈酱黄色、酱青色,无毒无味,光洁明亮。这种釉料天然、无毒,色泽古朴而厚重。

黄釉剔花小碗

(三)艺术价值

马口窑陶器是湖北民窑精品,其卓越之处不仅在于其精湛的工艺,还在于它蕴含了丰富的艺术价值,主要体现在马口窑陶器的审美性和文化性上,值得我们细细品味。

马口窑陶器具有独特的审美性。过去,人们一直认为陶器比较粗糙,审美价值不高,没有瓷器精美雅致。其实不然,马口窑陶器发源于湖北的江汉平原,根植于广袤的民间土壤，深刻体现了广大老百姓的审美情趣。这种审美情趣不是单纯地以外观的精美作为唯一标准，而是摒弃了复杂的装饰，采用了简约、自然的艺术手法，融合天然美感，具有实用性和观赏性，展现出温润质朴、粗犷浪漫的艺术风格，表达了老百姓敦厚朴素的价值观念和对幸福生活的美好追求。

马口窑是湖北民窑的代表，具有鲜明的地域文化特色，与楚文化有着一脉相承的文化基因。审视马口窑陶器的各种装饰符号，不难发现，地域文化对其产生了很大的影响，楚文化中保留着大量对远古神话传说的无尽想象与对大自然的崇高敬仰，这些文化符号在马口窑陶器上得到了生动的诠释与展现。马口窑陶器以形态各异的造型，以及形象生动的纹样人物雕刻等，为我们展现了热情奔放的生命力，表现了楚人乐观豁达、奋发进取的精神状态，深刻体现了楚文化的历史文化内涵，具有较高的文化价值。

二、见证

（一）刘渝南：马口窑情怀践行者

与刘渝南、刘双父子相识，实属偶然。他们两位可以说是"半路出家"，投身马口窑市场的开拓与传承中。笔者想把他们的故事讲述给更多人听，将这两代人坚守的精神传承下去，让更多人了解马口陶器烧制技艺在市场传承路上所经历的艰辛与挑战。刘渝南在大学建筑学院工作了近四十年，工作之余长期致力于中国传统乡土文化的研究。在研究过程中，他逐渐结识了省内外许多知名的马口窑陶器的收藏家，观赏到了大量精美的马口窑陶器。随着对楚陶文化研究的不断深入，他对马口窑陶器有了新的认识。2014年，刘渝南在江西景德镇设立了个人陶艺工作室，2019年他将工作室转移至武汉东湖。其子刘双是湖北美术学院的硕士，也加入了这一行列。父子两人在马口窑理论研究、艺术实践、市场传承与创新等方面积累了丰富的经验与独到的见解。武汉作为华中地区的标志性城市，其深厚的文化底蕴为马口陶器烧制技艺在湖北地区的市场传承提供了肥沃的土壤。从与他们的对话中，我们能发现马口陶器烧制技艺在市场传承中的现状与面临的困境。

工作室外景（陶野手作）

(以下根据刘渝南口述整理)

1. 因热爱而专注，以极致成巧匠

我在汉口黄埔路长大，中学时期就读于市三中，现在叫武汉育才美术高级中学，2018年以前我的工作室在景德镇，2019年才将阵地转移至武汉东湖。

说起马口窑，其实属于民窑，湖北本土窑大都不是官窑。历史上，官窑和民窑有很大的差别。官窑必须按照官府提供的样式生产，做工精度要求高；民窑没有官窑刻板的要求，风格比较粗放。制作者找到一块黏土地，就地取材，在地上挖一个大水池，把晒干、碾碎后的黏土直接倒进水池里泡软，随后将水牛赶入踩泥，踩完后，使泥自然沉淀，形成一种浆，经过一段时间的沉淀之后把水放干，去除表面的浮泥，就形成了粗陶泥。粗陶泥没有经过精细的提炼，杂质含量特别高，导致马口窑老物件观感和手感都比较粗糙。相比之下，现代陶艺的陶泥经多道工序精心提炼，加工更为细腻。官窑作品精致细腻，民窑作品虽"傻大粗笨"，却承载着民间匠人的智慧与汗水，两者各有千秋。

目前，我们在武汉市场取得了不错的成绩。武汉周边的大悟、新洲、随州、麻城、汉川、蕲春、黄冈等地的民间窑口我都去看过，拍过纪录片，访谈过窑工。回来之后，我到湖北省档案馆、湖北方志馆、湖北省博物馆、湖北省图书馆，以及武汉大学图书馆等广泛查阅方志、县志、史料。然而，遗憾的是，由于湖北的窑口大都是民间窑口，缺乏官窑的正式记录，因此相关文献记载并不详尽。我们目前找到的最具参考价值的文献是清代某书中记载的一句话，大意是有应山老人到汉川的马口镇传授制陶技艺。这一句话说明自明代洪武年间就有人到马口镇来传授制陶技艺。进一步研究发现，明代河南应山（今或已不存此名）因靠近匈奴，战乱频繁，北方工匠纷纷逃难，便往南方迁移，他们将北方技艺带到南方并与南方工匠进行交流，促进了制陶技艺的融合与创新。湖北的工匠虽然具备制陶经验，但是看到了外来的精美的陶器后，就会吸收并融合一些优秀的元素。如今的马口窑在制陶技艺上与陕西耀州窑、河北磁州窑、江西吉州窑有着很多相似的地方，如刻画、剔底、画花等技法几乎是一模一样的。然而，马口窑与它们的不同之处在于缺乏官窑背景。像陕西耀州窑、河北磁州窑等北方窑口大都有官窑背景，工匠往往需要按照官府的要求与样式去精工细作，而马口窑的工匠基本没有官府的督造，制作大都自由发挥，取材、用工等方面都没有精细化的工艺约束，这也使得马口窑陶器显得较为粗糙。其实，这是一个很大的弊端，随着塑料、不锈钢等制品的普及，马口窑陶器在市场上的竞争力逐渐减弱。

  我们目前也在寻找一个折中的办法，既保留传统又不失创新。经过十几年的研究和不断的摸索实践，已经取得了初步的成果。一般陶泥产品的釉还是会有一定的化学合成成分，所以我们在制作的过程中，出于对人体健康的考量，尽量避免在里面上釉。但是有一个问题，如果里面不上釉，这部分材质就是普通陶泥，而不是紫砂泥。紫砂泥和普通陶泥的区别是，紫砂泥的密度很大，不容易渗漏，而普通陶泥因密度较小，容易渗漏。这一矛盾点让我们陷入了两难境地——既不想渗漏，又不想牺牲健康在里面上釉。为了解决这一难题，我们采取的方法是上透明釉，透明釉无光、无色、不含金属成分，透明度高，这样可以既保证陶器不漏水，又不会对人体健康产生危害。这一方案是我们当前改进工作的重点方向。

  传统马口窑陶器所采用的是含金属成分的釉料，这些釉料在不同地区都有着各自的配方和种类。草木灰釉是一种比较原始的釉料，曾经在物资匮乏的年代被广泛使用。尽管草木灰釉在一定程度上被视为比较安全的釉料，但它还是含有一些重金属及其他化学成分，因此，当前我们并不主张使用。其实，如果草木灰釉中不含有这些化学成分，陶器可能就达不到实用、有光泽的效果。透明釉的使用就能解决这一问题，不仅能够确保陶器的密封性和安全性，而且达到了理想的效果。

不管是传统工艺，还是现代技艺，我们的目标很简单：让人第一眼就能看出来我们制作的陶器是马口窑烧制的，是湖北本土的，而不会想到是景德镇或者是其他地方的陶器。其实马口窑陶器最突出的特色是纹样，这是与官窑陶器完全不一样的地方，是湖北民间窑口独有的特色标志。然而，如果没有对其进行深入细致的研究和了解，就无法制作真正的马口窑陶器。之前有人请景德镇的师傅打造马口窑陶器，这种尝试虽然可以看作是一种文化创新，给马口窑陶器进行文化造势，有一定的积极意义，但我们也担心这可能会把湖北传统文化"带偏"。为了避免这一弊端，我们需要抓住真正代表楚文化的精髓。湖北马口窑陶器如果由景德镇的师傅来完成，尽管他们技艺高超，但由于地域文化的不同，他们可能无法真正地、深度地了解马口窑的历史文化内涵，最后制作出来的东西就无法真正体现马口窑陶器的特质，不能代表湖北地区真正的民间文化。

另外，许多人都在讨论柴烧窑陶器价格贵的原因。首要因素在于燃料成本高，这是因为采用了不同种类的木头作为燃料。这些木头富含油脂，在燃烧过程中，油脂形成的落灰会自然吸附在陶器的胎体上，为其增添独特的天然色彩与丰富的肌理变化。这一特性不仅提升了陶器的艺术价值，也是导致其价格上升的一个重要原因，因为它既无法人为精确控制，又增加了原料的采购成本。此外，柴烧窑陶器的烧制成功率较低，破费率较高，这进一步推高了其市场价格。

如今，松木常被用来作为烧制材料，主要是因为松木的油脂厚、量大，这些油脂在烧制过程中会在陶器表面形成一种类似中国水墨画的晕染效果。此外，现在的柴烧和过去的古法柴烧也不一样，现在很多人在柴上加化妆土。化妆土色白带点黄，是一种用高岭土打制的泥浆。由于陶器原料颗粒感重，表面粗糙且光泽偏暗，使用化妆土能提亮陶器的色泽，遮盖较深的釉土底色，还能使其表面更加光滑，因此北方窑口较多使用化妆土。

新烧柴窑使用化妆土不仅能节约成本，还能美化陶器。因为现在的化妆土已经不限于白色，还有很多其他颜色。使用不同的泥料调配出来的化妆土，在烧制时附着在不同的胎体上面，经过氧化还原反应呈现不同颜色。在资金有限、无法购买名贵烧窑木材时，使用类似化妆土这种不含添加剂及化学成分的助燃材料，成为接近柴烧效果的一种经济选择。柴烧陶器底部一般会有支钉纹,这可以作为辨识是否为柴烧的标志。过去的柴烧窑与现在的有很大区别,现在的窑使用支架,烧窑时会把泥坯放在支架上,而过去则是刨个坑,把木料放进窑炉后再把泥坯放入,泥坯容易在烧制过程中移位或倾斜,进而造成挤压变形,为了解决这个问题,人们就会放一些支钉来支撑泥坯,所以柴烧陶器会有支钉纹。

我花了几十年的时间研究马口窑,经常和其他老师、爱好者、收藏家一起交流学习。我不收藏马口窑作品,但我喜欢欣赏这些老物件。一方面能让我学到不少知识,另一方面锻炼了我鉴别精品的眼光,甚至还能够大致判断作品的年代。随着时间的推移,我在鉴别马口窑作品方面的能力日益增强,这些都是学习带来的好处。所以我相信,在研究与创新马口窑的道路上,不断学习是至关重要的。现在,我们建了一个马口窑爱好者的群,大家发现了好的作品就可以发在群里分享。只要我在群里看到了非常好的马口窑罐,晚上就会睡不着觉,心里老惦记着它,希望可以亲眼看到实物。

我在大李文创村、武汉天地等的文创市集都摆过摊,摆摊不是为了赚钱,而是希望能够实地了解市场需求,听听顾客对产品的看法和需求。记得有一次我在大李文创村市集摆摊,顶着烈日,一天卖出了2000元的产品,这充分说明我们的产品还是很受欢迎的,所以我们应该找准市场,明确哪些马口窑产品最能体现楚文化特色,并思考如何设计、如何定位,这才是至关重要的。仅有精湛的技术是不够的,关键在于找到产品的核心竞争力。

2. 马口窑里的楚文化内涵

(1) 俸禄连连剔花茶叶罐。

凤鸟是楚人崇拜的吉祥物。这个俸禄连连剔花茶叶罐上除了凤鸟,还有一只梅花鹿,以及上下两只飞舞的蝴蝶,凤鸟的旁边还有一个铜钱纹。这样的设计究竟蕴含着怎样的寓意呢?"凤"和"鹿"两个字连起来读与"俸禄"谐音,在古代,官员的月薪被称作俸禄,也就是领取官府的薪饷,而将两只蝴蝶融入这一场景,便形成了"俸禄连连"的美好寓意。这款茶叶罐不仅是一件精美的陶器,更是赠予亲友的上佳之选,寓意着祝愿他们工作顺利,未来能够财源广进、好运不断。

俸禄连连剔花茶叶罐

（2）状元游街剔花茶叶罐。

这个私藏茶叶罐是一个四开光的戏曲花绘的小茶叶罐，用于醒茶。罐身精心雕刻了"状元游街"的生动场景，其中包含了十余位栩栩如生的人物形象，每个人的面容与表情都需刻画得非常精准，因为任何一丝差错都将导致整个罐子的艺术价值大打折扣。更为讲究的是，一旦雕刻完成，便无法再进行补釉修复，因为补釉会留下痕迹，严重影响其美观度。

张家、吴家出了状元，鸣锣开道以示庆祝，这一喜庆的场景被刻在了陶罐上。这样的故事有五个版本，我已经刻了三个版本。当年张榜公布的有六百多人，小皇榜都写不下，于是用了三丈的黄绢布在武昌城墙外张榜公布，围观的人特别多，这样的细节我也放在了罐子上面。

状元游街剔花茶叶罐

（3）双喜酒坛。

双喜酒坛是我在网上看到照片后，自己复制的。

关于这个酒坛，有一个民间传说。在湖北江汉平原一带有种习俗，老百姓家里添了一个女儿，家里的老人就会到当地的窑口，请工匠师傅为其定制一对酒坛，将象征美好的图案都刻在酒坛上，烧制好后装满自家酿的老酒，用果壳和泥封好。因为南方没有窖，就直接在自家后院挖一个深坑，把这对装满酒的酒坛埋在地下。待到女儿出嫁之日，再将酒坛挖出，洗净泥土，系上红绸，用扁担挑起，作为陪嫁品随着迎亲队伍送至新郎家中。在那个时代，没有豪华的车队，只有简朴的大板车和扁担，承载着这份厚重的陪嫁。在陪嫁队伍中，这一对金光闪闪的酒坛尤为引人注目，如果酒坛上精美的纹样非常好看，就会吸引所有人的目光，成为全场瞩目的焦点。现在，我做了个缩小版的酒坛，6斤重，适合婚礼上用。在婚礼现场，新娘和新郎双手捧着这喜庆的酒坛逐一为宾客敬酒，就非常喜庆。酒坛上面刻的纹饰有很多讲究："双喜"二字寓意"双喜临门，百年好合"，麒麟寓意"麒麟送子"，麒麟脚踏祥云（表示跑得快）寓意"快生"，"莲花童子"手上拿着大莲蓬，莲蓬上面有很多的莲子寓意"多子"，整体表达了多子多福的祝愿。

此外，坛后的喜鹊登梅报喜寓意喜庆连连，酒坛肩部上方四面环绕着的四只蝙蝠寓意"四面来福、福报满园"，"莲花"图案象征"家世清白，门风正直"。小小的酒坛承载着民间丰富的文化内涵，简单中透着不凡，这正是我研究马口窑、热爱马口窑陶器的原因。马口窑陶器独具特色，代表楚文化的精髓，是其他窑口陶器不能替代的，虽然不如官窑那般精致，却充满了民间生活的温度和色彩，这在全国来讲都是很少见的。其实人们在关注马口窑陶器的同时也会激发对于楚文化的兴趣。因此，让更多人了解楚文化，是我们当前亟待开展的工作。

双喜酒坛

（4）《江汉揽胜图》陶器。

《江汉揽胜图》由明代画家所作。画中细致描绘了武汉三镇的七座城门。画中穿梭的船只和繁忙的码头景象再现了武汉的历史风貌。值得一提的是，画中船只的描绘方式和《清明上河图》中船只的描绘方式一样，这为推断其历史背景提供了线索。我们把《江汉揽胜图》刻在陶器上，使陶器不仅仅是一件艺术品，更是一个讲武汉故事、传达楚文化的载体。我们希望通过这样的形式，将武汉的特色元素和楚文化推向更广阔的市场。

（二）刘双：子承父志的美院才子

（以下根据刘双口述整理）

我之前一直在一所美术学院任教，受父亲影响，对马口窑产生浓厚的兴趣。最终决定辞职，和父亲一起创业，全身心投入到马口窑的市场运营中。

我们目前主要专注于制作茶具、餐具，以及装饰画等系列产品，这顺应了与现代生活相融合的趋势。相较而言，茶具更受大众的喜爱，主要是因为现在人们的生活水平提高了，大家开始对精神品质、生活情调有一定的追求。茶具的基本用途是泡茶，但随着人们对茶文化的深入了解，茶具已不再只是泡茶工具，而是茶文化中不可或缺的重要组成部分。

与茶具相比，餐具的损耗大得多，需要大量铺货，成本较高。与现有陶瓷类餐具相比，马口窑餐具的优势在于它所蕴含的特色楚陶文化。将马口窑作为主题的民宿或餐厅会主动找我们定制相关产品，但是从整体上看，产品的需求量还是不高，需求不足就导致了需要将产品成本降低，为了降低成本我们可能会放弃手工制作，采取精细化批量生产，这样又会使马口窑产品丧失其手工制作所特有的质朴与粗犷的自然之感，使产品失去了其本质特色。其实我们也一直在考虑这个问题，如何在降低成本的同时，使产品也具有马口窑特色？这确实是一个挑战，但我们选择了迎难而上。过去我们也曾经迷茫，但现在有了明确的目标——讲好楚文化故事。

我们同样提供产品定制服务，但定制的关键点不在于产品的大小，而是根据客户的具体需求进行个性化调整。例如，大件定制产品高度可达32厘米、直径27厘米，满工雕刻，制作周期大约一周，市场售价在3000元至5000元，这类定制产品常被客户作为可装载七饼或五饼的大茶器，主要用于存放茶砖或茶饼，其设计样式可选择垂直式或将军冠式，总体而言，茶具定制居多，除了茶具，还有少部分酒器定制。目前，这类定制产品还没有全面推向市场，相比之下，小件定制产品如小茶壶（一般为灌浆开模，非纯手工制品，售价220元一把）、小咖啡杯（仿柴窑工艺）、手工碗（约80元一个）销量很好。另外，就茶具市场需求而言，武汉市场并不像北京、上海、广州、深圳等城市那样迫切。

目前，产品销售最为常见的渠道是湖北省博物馆。馆内编钟演奏厅曾设有展柜，前几年的年销售额能突破10万元。湖北省博物馆因其庞大的游客量，使得文创产品作为伴手礼具有广阔市场。这些产品对精细度要求不高，通过批量生产可以有效降低成本，加快流通速度，进而促进销售。除了那些批量生产的文创产品，手工定制产品也有一定的市场需求。例如，在武汉天地市集，我们一天的销售额能超过 7000 元，也有客人直接上门购买，一般一次也能有几千元的收入，此外，武汉经营文创产品的店铺也会过来"拿货"。热卖的产品中，茶具占大部分，因为茶文化深深融入了中国人的生活。

  马口窑陶器在制作技术层面是过硬的，但面临的主要挑战在于认知差异，这种认知差异导致产品价格存在较大的波动。我们产品的卖点是什么呢？首先是它的纹样设计，这些纹样设计往往承载着丰富的主题故事；再就是它的剔花工艺所展现的浮雕效果。马口窑陶器制作技术并不复杂，但需要花费大量的时间和人工成本，所以产品的价格不会很低。大众对马口窑陶器的传统印象大多停留在泡菜坛、米缸等实用功能上，这种认知偏差阻碍了对其艺术价值和高价位的认同，因此，我们需要投入时间和精力去改变消费者的观念，这需要社会各界的共同努力和支持。

  如何提高马口窑陶器的附加值？除了持续在制作工艺上精益求精，还需要更多机构或单位积极推广这一文化瑰宝，扩大其影响力。父辈们更多地专注于制作工艺，而我们这一代则更多地从宏观角度思考马口窑陶器的创新与传承，使其既保留传统韵味，又与现代生活紧密结合。在保持传统工艺精髓的基础上，融入独创的设计、造型与功能，让马口窑陶器焕发新生，让大众重新认识并珍视这一文化瑰宝。

  马口窑制作的生活实用陶器种类繁多，涵盖生活的多个方面。制作工艺虽然没有难点，但如何体现产品附加值却是一个难题。我们平常也会制作一些大件或精雕细琢的产品，除了一部分老客户购买，新客户还不太能接受。我认为其原因是大众对马口窑陶器的固有印象难以改变，认为它们仅仅是价格低廉的实用物品。要改变这一现状，仅凭手艺人的单方面努力显然是不够的。因此，我们希望获得政府层面的支持，通过大型推广活动或概念植入，引导公众重新审视和评估马口窑陶器的价值。马口窑作为民窑，相较于官窑，可能在趣味性、故事性上更加丰富且贴近人心。为了改变大众对马口窑陶器的固有印象，我们正努力将传统工艺融入现代实用器皿的制作中，让马口窑陶器更加贴近老百姓的日常生活，从而激发人们的情感共鸣。只有这样，我们才能更好地传承这一宝贵的非物质文化遗产。

（三）夏先重：情怀的共鸣，合作的期盼

（以下根据竹韵堂竹雕博物馆馆主、湖北楚商协会副会长夏先重口述整理）

对于中国的传统文化，那些具有年代感的元素，比如特定的构图、花绘等，都是值得细细品味的。我现在收藏的竹雕大多都是明代、清代的作品，其实在唐宋时期，以竹子为载体的艺术品就已经存在了。众多文人墨客通过诗歌、小说、绘画、雕刻等不同的艺术形式来表达自己对竹子的喜爱。我在学习马口窑的相关知识并感受其独特魅力之后，觉得有几个方面需要去深入探讨。

首先，我们要了解马口窑与楚文化之间的关系。楚文化有着悠久的历史，马口窑陶器虽然是楚文化宝库中的一颗璀璨明珠，但大众对此还是知之甚少。这一现状对马口窑陶器的宣传推广来说既具有挑战又蕴含机遇。从积极方面来看，由于过去缺乏系统的宣传推广，很多人并不知道在浩瀚的楚文化中有这样一颗遗珠，大家对马口窑的历史、文化特点等并不了解。这种未知状态，实际上为我们当前的推广工作提供了一个全新的起点，因为马口窑作为一个"新鲜事物"，能够激发人们的好奇心，为我们创造一个有利的推广契机。因此，政府及文化主管部门应充分认识到这一点，加大对马口窑文化的宣传力度，通过讲述其历史渊源、艺术特色及背后的故事，让更多人领略这一优秀文化遗产的独特魅力。

其次，刘渝南研究马口窑多年，对马口窑艺术特点和烧制工艺已经有着极为清晰和深刻的把握。为了将这些珍贵的技艺与文化传承下去，我们需要用文字记录下马口窑的标准化工艺，让后世子孙知道马口窑的历史，学习马口窑独特的制作工艺，传承马口窑文化。

再次，马口窑的手工艺人世代专注手工制作，他们的执着精神和深厚情怀深深触动了我。我衷心希望这一艺术瑰宝能够持续地传承和发扬。为此，手工艺人需要与一些有相同理想、有社会责任感及有市场规划的机构、企业合作，共同促进马口窑陶器的推广与销售。双方明确分工，各展所长，将马口窑陶器之美展现给更广泛的人群，这无疑是对其传承的一大助力。我们一直在探索传承的本质，发现传承不能仅局限于文化层面的认知，更需要融入市场，让大众在日常生活中接触、使用并加深理解，这样才能是真正意义上的文化传承。习近平总书记曾说过，让收藏在博物馆里的文物、陈列在广阔

大地上的遗产、书写在古籍里的文字都活起来。这就是说,要使文物不再仅仅是展柜中的静物,而应走进人们的生活,通过日常的使用和体验,使人们能够更深入地了解它、热爱它。

最后,虽然传统文化领域的工作者们都是有情怀的,但他们也会面临进退两难的境地,虽然抱有坚定不移的心态,力求发扬光大,但挑战依然艰巨。由于市场容量有限,有时老师傅们视为艺术品的产品而大众却只把其作为工艺品。制作这些产品需要独特、精湛的工艺,机械化大批量生产并不适合,需要匠人们一步步精细地手工制作,其中蕴含的心血与创意,需要长时间的积累与沉淀,所以这些产品的价格不可能便宜,因此市场购买力也有限。尽管如此,我们仍希望大众能够认识和深入了解这些传统手工艺品,提高社会的接受度和传承意识。中国有着悠久的历史,国家也一直在强调坚定文化自信,建设社会主义文化强国。对于现在的"90后""00后"而言,他们成长于全球化的社会环境中,外来文化的涌入在一定程度上挤占了他们接触和深入了解传统文化的机会。究其根源,还是宣传力度不够,导致文化传承在代际间出现了断层。此外,文化因其抽象性与非物质性,在短期内难以直接转化为显著的经济效益,我们期待资本与文化产业深度合作,共同打造既富含文化底蕴又符合市场需求的产品,使这个产业能够真正融入市场,焕发新的生机与活力,从而有效促进传统文化的传承与发展。

三、点评

汉川马口窑,作为中国传统陶瓷文化的重要代表,具有悠久的历史和独特的工艺价值。然而,在当前的社会背景下,马口窑陶器正面临着多方面的困境和挑战,包括文化遗产价值未被充分认知、传统工艺面临失传、缺乏有效的保护机制和传承措施、社会关注度低、经济支持不足、人才流失严重,以及环境污染问题对产业发展的影响等。马口窑陶器市场定位与品牌宣传问题直接影响其市场化活态传承的成效。为了探寻马口窑陶器最适合目标市场的精准定位,需要系统化的专业调研来进行科学论证,在进行品牌宣传时,明确将马口窑陶器定位为高端收藏品还是民众生活用品。刘渝南从理论研究和艺术实践角度进行了论述,刘双从市场传承与产品开发做出阐述,而夏先重先生作为湖北知名企业家、私人收藏家，则从市场、文化传承角度给我们启发。

（一）代表湖北文化的马口窑与现代人生活渐行渐远

马口窑陶器是湖北民间传统文化的杰出代表，其窑罐上繁复多样的花纹图案，深刻描绘了荆楚儿女的日常生活风貌。遗憾的是，人们对马口陶器烧制技艺这一湖北省非物质文化遗产知之甚少，其丰富的文化遗产价值未能得到充分认识，多数人的了解仅浮于表面，缺乏深入的历史与文化洞察，马口窑的社会关注度也比较低。随着现代化步伐的加快和城市化进程的推进，传统手工艺逐渐被机械化生产所替代，市场需求的持续下降，马口窑相关产业逐渐萎缩。同时，社会发展和人们生活方式的改变，使得许多传统习俗和文化也在逐渐消失，马口窑文化传承之路愈发艰难。此外，由于缺乏有效的保护和传承机制，马口窑文化正逐渐远离我们的生活。甚至对许多人而言，这项技艺既陌生又遥远。幸运的是，以湖北美术学院为代表的一批专家学者、收藏家及文化爱好者，积极投入马口窑文化的保护与推广工作，通过学术研究和实践探索，为马口窑文化的传承与发展贡献着力量。

鉴于此，笔者希望政府和社会各界加大对马口窑文化的宣传力度，提高其社会知名度和影响力，增强公众对其文化价值的认知和重视，鼓励和吸引更多的人参与保护和传承工作。

（二）项目认知较低，市场定位不明晰

长期深耕一线市场的刘双，设计出了一系列适用于现代生活、既精美又实用的马口窑产品，如茶具、餐具等。他在材料、工艺等方面进行了改良，通过技术创新与传承，使得这一传统工艺制品在今日焕发活力，突破了过去马口窑产品只能作为泡菜坛、米缸产品的思维定式。然而，提高马口窑产品的附加值，实现其制作成本与收益价值的均衡，还需要更广泛的推广，让更多人了解和接受马口窑文化，提高对马口窑的认知度，从而在文化内涵上赋予其更多的价值，促进其持续发展。

马口窑目前的市场定位主要集中在文化旅游市场、陶艺爱好者市场及部分收藏者群体。汉川的马口窑文化小镇凭借其丰富的文化旅游资源与独特的马口陶手工艺，成功吸引了文化旅游者和陶艺爱好者前来参观和购买。马口

窑产品还可作为特色礼品和纪念品，满足不同游客的多样化需求。马口窑产品的核心商品价值是什么呢？是进一步探索其在公共艺术建筑市场的新可能，还是回归其作为泡菜坛、米缸等传统生活器皿的实用功能？这些问题需要通过系统的市场调研才能明确，以找到最精准的市场定位，在此基础上开展系列产品的开发，这不仅是马口窑市场拓展的重要方向，也是实现其活态传承最为关键的第一步。

我们可以通过举办陶艺展览、比赛、讲座等一系列活动，邀请陶艺爱好者和艺术家前来交流和学习，从而进一步扩大马口窑文化的影响力，并明确其市场定位。

（三）市场需求下降，产品缺乏创新设计

随着现代社会的快速发展，人们的审美观念和生活方式发生了很大的变化，传统的陶瓷制品逐渐被现代化的工业产品所替代，市场需求逐渐下降，马口窑的陶器生产陷入了很大困境，在现代社会的审美标准下，其产品难以满足现代人日益多元的审美需求。

为了应对市场需求下降和产品缺乏创新设计的问题，我们需要采取一系列的措施。首先，加大对传统手工艺人的支持和培训力度，鼓励他们进行产品的创新，促进产品在设计与制作上的革新，从而提高产品质量和附加值。其次，通过与高等艺术院校开展设计合作、组织第三方设计机构进行设计比赛等方式，吸纳更多创意元素，增强产品的美学价值。最后，充分利用互联网和社交媒体等现代传播平台，拓宽马口窑文化的传播渠道，提高其影响力，推动其传承和发展。

（四）人才流失严重，新生力量传承困难

马口窑陶器的传承和发展需要大量的专业人才。然而，当前汉川马口窑面临人才严重流失的问题。许多传统工艺师傅年事已高，而陶瓷技艺的掌握需要长时间的实践积累。遗憾的是，在现代社会的快节奏生活和多元文化环境的冲击下，许多年轻人不愿意投入大量时间和精力去学习这门技艺，导致技艺传承的断层。同时，由于马口陶器烧制技艺的特殊性和潜在的危险性，许多家长不愿意让自己的孩子涉足，新生力量明显不足。

尽管市场不景气，刘双父子却全身心投入马口窑陶器事业，凭借深厚的情怀坚守阵地，持续前行。好在他们的工作室与吴星的漆器工作室相邻，通过整合资源与创新开发，一同在江西景德镇寻求更广阔的发展空间，实现互助共赢，市场发展有一定起色。然而，从整体情况来看，汉川马口窑镇的从业人数仍然不多。

另外，随着社会的快速发展和现代化进程的加速推进，马口窑的传统工艺正面临着逐渐消失的困境。随着现代科技和机械制造技术的发展，传统手工制作逐渐被取代，传统陶瓷工艺的传承和发展受到严重威胁。为了保护和传承马口窑传统工艺，政府、企业和学术界需要共同努力，策划并实施一系列行之有效的保护措施和传承方案。同时，应积极吸引并留住专业人才，为马口窑的传承和发展提供人才保障。

（五）保护传承措施缺乏，亟须政府引导扶持

当前，由于缺乏有效的保护和传承措施，马口窑面临消失的危险。马口窑分布广泛，遗址众多，导致遗址保护工作难以得到有效的推进和落实，缺乏整体的保护规划和科学的管理机制；同时，马口窑保护需要专业的技术人员和科研人员的支持，但目前这方面的人才队伍和技术力量相对薄弱，难以满足保护工作的需求；另外，马口窑文化虽然具有重要价值，但目前社会对其认知度和关注度不高，缺乏公众的认知和参与。这在一定程度上影响了马口窑的保护和传承工作。

此外，经济支持的不足也是制约马口窑保护和传承的重要因素，马口窑文化的保护与传承工作需要耗费大量的人力、物力和财力。然而，当前政府和社会的经济投入尚显不足，导致许多保护和传承工作无法顺利开展。政府和社会各界需要加强合作，投入更多的资源和精力，建立完善的保护和传承机制，确保马口窑的传统工艺和文化得以延续。

（六）马口窑文化特色小镇群，农文旅产业模式新探索

作为马口窑文化发源地——汉川，正以特色小城镇承载特色小镇项目，以点带面、互为支撑，打造"1+4"马口窑文化特色小镇体系。"1"指以"马口窑

文化"为主题的马口窑文化特色小镇,涵盖以马口窑文化特色小镇为载体重点培育的马口"双线"小镇、天屿湖御龙小镇、南河古渡舌尖小镇和黄龙湖马口窑文化艺术小镇4个特色小镇项目。

马口窑文化特色小镇位于湖北省汉川市马口镇。马口镇是一个历史悠久、文化底蕴深厚的宝地,自古以来,马口镇就是当地经济、文化的中心,马口窑文化更是湖北省非物质文化遗产的重要组成部分。如今,马口窑文化特色小镇已经发展成为集文化体验、旅游观光、产业发展于一体的特色小镇,它不仅是文旅产业融合新探索与新模式的典范,更肩负着传承和发扬马口文化的使命。

小镇的投资兴建,旨在更好地保护和传承马口陶非物质文化遗产。小镇内,喻集龙窑、马口窑得以恢复,并建成了马口陶大师工作室、马口陶大师工坊、马口陶工艺体验坊等,为游客提供了深入了解和体验马口窑文化的平台,同时也为艺术家和企业提供了创作和展示的平台。

马口窑文化特色小镇旅游资源丰富,如仙狮山、龙霓山、梅子洞、白石湖、金河岛等风光秀美、生态宜人的景点,吸引了众多游客前来观光旅游。加之其交通便捷,距离汉川市中心不远,距武汉市也不远,这为游客前往旅游提供了便利。

马口窑文化极具荆楚地方特色,农业文化旅游融合发展为马口窑发展提供了新的契机。汉川马口窑文化旅游的蓬勃发展,将有利于文化、旅游和产业的深度融合,推动当地经济和社会的发展。

在产业模式新探索方面,汉川还出现了民营企业集团参与马口窑文化传承,通过农文旅结合的方式,为马口窑的发展带来了新的经济活力和广阔前景,然而,鉴于单个民营经济力量有限,文化传承需要政府牵头,鼓励更多经济形式主体加入,带动更多资本形式及金融机构参与,在保持原有传统技艺的基础上,实现多元化市场创新,推动文旅产业模式不断升级。

为了有效保护和传承这一宝贵的文化遗产,政府、企业、学术界和社会各界需要加强合作,制定有效的保护措施和传承计划,提高社会关注度,加大经济支持力度,吸引和留住人才,加强环境保护,确保汉川马口窑的传统工艺和文化得以延续。

经典案例分享

"90后"陶艺师宋巍的成长故事

重庆荣昌陶、江苏宜兴紫砂陶、云南建水紫陶、广西钦州坭兴陶并称中国四大名陶。从地域、发展背景来看,湖北马口窑陶器与重庆荣昌陶器有许多相似之处。自汉代兴起以来,大多以泡菜坛、茶具等贴近百姓生活的用品为主,反映出民间艺术的独特审美与百姓对幸福生活的质朴追求。马口窑陶器与荣昌陶器极为相似,同样源自民间,且大多也是民用生活器皿。21世纪初,两者都曾经历市场低谷期。如今,荣昌陶器通过安陶小镇产业模式走出一条特色道路,这为马口窑陶器提供了宝贵的借鉴与学习经验。文旅景区可持续发展的核心因素在于人才,安陶小镇实施了一系列优惠政策,吸引了大批年轻陶艺师。

随着乡村振兴战略的实施,荣昌陶积极探索从传统向现代以"特"为核心的转型之路。立足于目前陶品牌、陶矿资源和优越的区位条件,深入挖掘陶文化内涵,扩大陶产业规模,推动旅游业发展,力求实现文化、产业、旅游的深度融合。

在此背景下,安陶小镇应运而生并成功吸引了众多特色陶瓷企业进驻。为了促进陶产业集群化发展,荣昌陶在传承与创新中积极引入年轻力量。1000多位年轻的陶艺师先后入驻安陶小镇,其中许多是来自四川美术学院的"90后",这些年轻人被荣昌陶所吸引,他们积极地参与研究学习、创意设计,为古老的荣昌陶注入新的生命和活力。安陶小镇通过"陶文化+运营"模式,打造集博物馆、陶艺展示、荣昌陶制作及体验工作室等于一体的深度旅游目的地,让游客能够全方位体验荣昌陶制作技艺。目前,安陶小镇年游客接待量超过300万人次,旅游收入达3亿元。荣昌依托当地陶产业、陶文化资源,双轮驱动,打造陶瓷产业园、陶文化产业园。以荣昌陶文化为特色的产业集群年产值突破80亿元。

湖北马口窑应抓住国家乡村振兴战略的历史机遇,既要保持其独特的资源特色,又要坚持可持续发展道路,探索适合自身的产业发展模式。立足本地实际,充分利用湖北丰富的历史文化资源,在传承中寻求创新与发展,走出一条以特色产业推动特色经济,助力乡村振兴的新路径。

宋巍是安陶小镇引入的众多年轻陶艺师中的一位，2015年，她与同是四川美术学院毕业的丈夫响应号召，来到荣昌安富，投身于陶艺，坚守多年。笔者与宋巍相识于2019年的国家艺术基金资助项目西部传统手工艺创新品牌经营管理人才培养活动，在四川美术学院一起学习的两个月里，她给我留下了深刻的印象。"90后"的她有着超出常人的睿智与果敢，从她的身上笔者看到了荣昌陶生命力的延续。宋巍在荣昌陶技艺创新、品牌打造等方面的实践与探索，为马口窑陶器的传承与发展提供了宝贵的借鉴与启示。

（以下根据宋巍口述整理）

我是国家级非遗项目荣昌陶区级代表性传承人，毕业于景德镇陶瓷大学，2015年大学毕业之后，凭借着对陶瓷艺术的热爱和对泥土的深厚情感，我来到了荣昌安富，这里是荣昌陶的产地。大学四年的学习为我打下了坚实的理论基础，来到安富后，经过两年的不断探索与实践，我被荣昌陶的"纯粹"深深打动，并于2017年7月成立了"两朵云·老茶馆"陶艺工作室。

"金竹山，瓦子滩，十里河床陶片片，窑火烧亮半边天……"这几句流传了几百年的民谣，是古时荣昌陶生产盛况的真实写照。荣昌陶属于细炻器，是介于陶器和瓷器之间的一种陶瓷制品，烧成温度在1150℃左右，有着"红如枣、薄如纸、声如磬、亮如镜"四大特征，素有"泥精"之美誉。

2017年，"两朵云·老茶馆"陶艺工作室在安富街道陶宝古街正式开业，经过前两年对荣昌陶不断的尝试和探索，我找到了属于自己的创作形式和方法。茶馆内生产的每一个茶器都承载着我对泥土的深厚情感。我的老师曾经说过："泥土是有'灵魂'的。你对它好，它就会对你好；你怠慢它，它也会怠慢你。"因此，从设计、制作到烧成，每一步我都会亲力亲为，确保每一件出自我手的陶器都是精品，这样让我的心里特别踏实。我觉得安富是一个很纯粹的地方，它给我很多灵感，莲蓬、荷花、荷叶都成了我的创作主题，比如，荷花展现了一种纯净之美，正如陶渊明笔下的"出淤泥而不染，濯清涟而不妖"，这使我心境宁静。

目前，我专注于茶器的设计研究，致力于探索如何使制作的茶器兼顾使用舒适性和审美价值。在选材上，我严格挑选泥料，确保符合一元配方的标准。在设计和制作过程中，每一个杯子的口沿形状，我都会反复制样并对比确认，直到找到最满意的样式。只有那些经过我精心设计与制作且满意的产品，才被允许出售。

每年我都会抽出两个月的时间前往全国各个产瓷区游历学习。这期间我多次到广西钦州、云南建水、江苏宜兴及其他陶器原产地进行参观学习。面对市场上种类繁多、琳琅满目的茶器产品，通过持续不断的学习与反思，我希望自己制作的每一件陶器作品都能成为承载制陶匠人精湛技艺与独特情怀的佳作。

我有一个想法，那就是赋予陶器生命力，展现匠人独特的匠心。这个念头一直在我心中萦绕。为此，我把在大学里学的陶瓷雕塑雕刻知识和手法运用到茶器制作中。鉴于雕塑雕刻技法在荣昌陶装饰中较为罕见，经过不懈的设计与研发，我的工作室成功推出的多款茶器都深受茶友们的喜爱，有时甚至需要提前几个月预订才能购得我亲手设计制作且满意的茶器。大家的认可增强了我的信心，也更加坚定了我继续前行的脚步。

怀揣着"做好陶文章"这一初心，目前，我的工作室已相继有了擅长荣昌陶制坯、书法雕刻、雕塑刻花等技艺的匠人，荣昌陶产品种类更加丰富，技法也更加多元化。展望未来，我们不仅对荣昌陶怀有深厚的情感，更意识到只有荣昌陶发展得好，我们才能有更好发展。因此，我希望能有更多机会向大众普及我所掌握的制陶技法，比如通过举办技艺培训或者带徒授艺等方式，不忘初心，继续发挥工作室的作用，吸引更多真正喜爱传统制陶的匠人加入我们的行列，共同传承荣昌陶手工艺，将荣昌陶产业文化发扬光大。

我坚持用心做好每一件陶器，梦想让每一个爱陶之人都可以拥有一件独一无二的陶器。在创作过程中，我结合荣昌本土陶文化，深度挖掘荣昌地域文化特色，不断摸索与创新，并且始终坚持原创设计。2017年，我创立了"两朵云·老茶馆"荣昌陶塑品牌，品牌遵循陶器古朴自然的设计理念，巧妙地将雕塑艺术与荣昌陶相结合，将独有的陶塑技法融入产品之中。同时，我秉持"生活陶艺术化、艺术陶实用化"的制陶理念，遵循美的规律，在实用性和美观性之间寻找平衡。

品牌独创的堆塑作品具有很明显的辨识度与独特性，深受消费者喜爱。工作室旗下有"两朵云"和"两朵云·老茶馆"两个R商标。

2019年，我的工作室被授予"妇女微家"。工作室的主要员工为农村留守妇女，我免费教授她们制陶技术，使她们有一技之长，不仅能够兼顾工作与家庭，还能为振兴家乡的非遗产业贡献力量。

爱陶、惜陶是对美好事物的理性追求，陶文化的兴盛是民族精神和血脉的传承，蕴含着生生不息、永恒发展的强大力量。

荣昌陶塑作品（"两朵云"出品）

四、思考：马口窑的市场活态化传承创新路径

（一）路径之一：市场运营和机制模式创新

马口窑在保护传统技艺的基础上，借鉴荣昌陶的产业模式，进一步探索并创新市场新的模式与机制。例如，在马口窑产业园引入国有文化企业、民营文化企业、参股集体所有制文化企业等多种市场主体，共同发展。对于像刘双父子这样具备马口窑理论知识与技艺的手工业者开设的工作室，政府应给予政策支持，除自力更生、与国企联营外，甚至可以成立马口窑手工联盟。类似旅游业中的旅行社联盟，马口窑手工联盟集结具有共同价值目标的马口窑工作室，整合各方资源，集中进行原材料采购、市场营销推广、政府项目申请支持等活动。此外，通过联盟这一平台，与金融机构进行深度合作，在筹措发展资金的同时，实现行业资本化运作，从而实现市场运营模式与机制的纵深化创新。

（二）路径之二：深入挖掘马口窑趣味文化

马口窑是极具中国特色的民间窑，其造物灵感来源于生活，承载着过去时代的独特印记。为了使马口窑文化在现代社会中快速传播，拉近与民众的距离，首先要找到它与人们的情感共鸣点。结合马口窑艺术特点和烧制工艺，以"趣"为核心进行文化挖掘，是最快、最有效的文化挖掘方法。一方面，马口窑陶器的未来市场传承之路需要在"趣"的基础上，开发设计出一系列既符合现代人审美标准，又具备一定实用功能且便于携带的产品，如茶具、餐具等日常生活用品，以此形成市场发展的基础力量；另一方面，围绕"趣"开展文化推广活动，通过讲述有趣的马口窑图案故事、产品的历史渊源等，吸引人们的注意力，激发他们的购买欲，从而实现传统工艺与现代生活的完美融合。

（三）路径之三：提升马口窑非遗品牌影响力

可以通过以下方式提高马口窑的宣传力度及影响力。

1. 举办展览

在博物馆、文化中心等公共场所举办马口窑陶器文化展览，向公众展示马口窑的历史沿革、传统工艺，以及现代创新成果，提高公众对马口窑文化的认知度和兴趣。

2. 参加比赛

积极策划并组织马口窑陶器参加各种文化比赛，通过这一方式能展示马口窑陶器所蕴含的高超技艺和独特魅力，扩大马口窑陶器的品牌影响力。

3. 开展文化交流

加强与其他地区陶器文化的交流和互动，促进马口窑陶器文化与外界的交流和融合，推广马口窑文化的美学价值和人文精神。

4. 加强媒体宣传

制作宣传册、宣传片等多媒体宣传资料，充分利用多种媒体渠道向公众传播马口窑文化的魅力和特色，提高公众对马口窑文化的认知度和兴趣。

5. 建立网站和社交媒体账号

设立马口窑文化的官方网站和社交媒体账号，通过网络传播的方式向更广泛的受众宣传和推广马口窑文化，提高其知名度和美誉度。

（四）路径之四：现代产业模式融合发展

汉川马口窑文化特色小镇作为文化旅游产业融合发展的典范，成功地将马口窑陶艺生产与现代产业模式相结合，实现规模化、专业化、品牌化发展。为了进一步推进马口窑文化的市场化活态传承，我们积极探索其他现代产业融合模式。首先，通过建立陶艺工业园区和发展陶器旅游产业等方式，促进马口窑陶器产业的升级和转型，在此基础上规划马口窑陶器文化旅游线路，结合当地丰富的旅游资源，吸引游客前来参观并购买马口窑的陶器产品。其次，设计研学旅行线路，组织研学旅行者到马口窑遗址进行实地考察，让他们了解马口窑的历史渊源、传统工艺以及现代创新成果，亲身体验陶瓷制作，感受马口窑文化的独特魅力。再者，在博物馆、文化中心等场所设置互动体验区，让研学旅行者亲手制作陶器，感受陶器制作的乐趣和挑战。同时，开设马口窑陶器文化课程，通过课程学习让研学旅游者了解马口窑文化的历史背景、传统工艺和美学价值。最后，积极推动文创产业发展，与设计师、文化创意产业机构合作，开发出一系列具有马口窑特色的文创产品，并将这些产品推向市场，走向全国乃至世界，让更多人了解和喜爱马口窑文化。

马口窑文化是中国传统文化的瑰宝，具有悠久的历史和独特的文化价值。探索马口窑现代产业融合模式，有助于激发大众对传统文化的热爱和尊重之情，促进文化的传承和发展，还能提高旅游的质量和品位，推动旅游业的可持续发展。

（五）路径之五：文化价值赋能技艺创新和研发

马口窑文化的独特魅力和价值，主要体现在其独特的工艺、材质、造型、文化四个方面。

1. 工艺独特

马口窑陶器制作工艺独特，采用传统的手工制作方式，注重工艺的细节，成品精美绝伦，独具风格。

2. 材质独特

马口窑陶器采用的陶土材质独特，取自当地的优质陶土资源，经过特别的工艺处理，具有良好的透气性、吸水性和保湿性。

3. 造型独特

马口窑陶器的造型独特，融合了传统和现代的元素，独具风格，具有较高的艺术价值和审美价值。

4. 文化独特

马口窑文化是中华民族传统文化的重要组成部分，承载着深厚的文化内涵和历史背景，传承和发展马口窑文化能够进一步弘扬中华民族的优秀传统文化，增强民族自豪感和文化自信心。

在保持传统特色的基础上，马口窑文化还需要加强创新和研发，满足现代人的审美需求。具体而言，可以引入现代设计理念和技术手段，对马口窑的传统造型、装饰、材料等进行革新，开发出更具现代感和实用性的陶器。

我们应拓展设计领域，将马口窑陶器融入生活、文化、艺术等领域，开发出更加多元化的产品。同时，引入现代科技手段和方法，对马口窑的传统制作工艺、材料、设备进行技术升级与创新，提高产品的质量和生产效率。此外，材料创新也是关键一环，通过研究新型陶瓷材料及配方，开发出独具特色的陶瓷制品。

总之，马口窑陶器的创新和研发需要从设计、技术、材料等多个方面展开，通过持续探索和创新，推动马口窑陶器产业的升级和发展。在此过程中，也需要政府、企业、学术机构等各方的支持和合作，共同推动马口窑陶器的创新和发展。

（六）路径之六：公共艺术与现代生活市场创新

市场创新是马口窑创新和研发的重要方面。通过深入了解市场需求和消费者偏好，开发出更符合市场需求的产品，拓展不同客户市场，使产品更好地融入人们的现代生活。同时，也可以通过市场调研和分析，了解国际市场的需求和趋势，从而开发出更具国际竞争力的产品，推动马口窑陶器的国际化发展。以马口窑文化特色小镇为例，其在公共艺术领域的市场化活态传承的措施具体表现在如下几个方面。

1. 建立公共艺术展览

马口窑文化特色小镇可以与当地政府、艺术机构或博物馆合作，举办马口窑公共艺术展览，向公众展示马口窑艺术品和工艺品，加深公众对马口窑文化的了解和认知，扩大马口窑文化的社会影响力。

2. 打造公共艺术景观

马口窑文化特色小镇可以利用公共空间和场所，如在街道、公园、广场等地方设置马口窑雕塑、壁画等艺术品，打造马口窑特色的公共艺术景观，提升公共空间的审美价值和艺术氛围。

3. 组织公共艺术活动

马口窑文化特色小镇可以组织开展如陶艺制作、陶艺绘画、马口窑文化讲座等公共艺术活动，吸引公众参与马口窑文化的创作和学习，促进马口窑文化的传承和创新，增强公众对马口窑文化的兴趣和参与感。

4. 开展公共艺术教育

马口窑文化特色小镇可以开展公共艺术教育活动，如陶器制作课程、陶艺知识讲座等，向公众讲解马口窑陶器的制作技艺，展示其艺术价值，提高公众的艺术素养和审美能力，促进马口窑文化在社会的传播和推广。

5. 与艺术家和设计师合作

马口窑文化特色小镇可以与艺术家和设计师合作，共同创作具有马口窑特色的公共艺术作品，吸引更多的艺术人才和资源，推动马口窑文化在公共艺术领域的繁荣发展。

通过以上措施，马口窑可以积极参与公共艺术领域，提升该非遗项目文化的社会影响力和价值，为当地的文化事业贡献力量。

（七）路径之七：加强人才培养管理机制

为了加强对马口窑人才的培养和引进，可以采取以下措施。

1. 建立马口窑人才培养机制

通过学校教育、师徒传承、技艺培训等方式，为年轻人提供更多的学习和实践机会。例如，在当地学校开设陶艺课程，培养学生对于马口窑陶器制作的兴趣。同时，鼓励家族传承，让家族中的年轻人跟随长辈学习陶器制作技艺。

此外，可以设立技艺传承人制度，给予传承人一定的荣誉和资金支持，鼓励他们将技艺传承下去。

2. 引进外部人才

通过引进外部人才，提高马口窑陶器制作技艺的水平。例如，与国内外陶瓷产区建立人才引进机制，吸引优秀的陶艺艺术家、设计师、工艺师到马口窑发展，通过提供税收减免、住房补贴等一系列优惠政策吸引更多的人才。

3. 举办人才交流活动

定期举办马口窑陶艺人才交流活动，如陶器艺术展览、学术研讨会、技艺比赛等，促进马口窑陶艺人才之间的交流和合作。同时，也可以组织马口窑陶艺人才参加国内外各类陶器展览、比赛等活动，拓宽他们的视野，进一步提升马口窑陶器的知名度和影响力。

4. 建立人才激励机制

建立马口窑陶艺人才激励机制，通过奖励、提供晋升机会、提高薪酬等手段，如设立优秀陶器作品奖、开展人才晋升资助计划、设置优秀陶艺人才库等，激励陶艺人才在技艺、设计、创新等方面发挥更大的作用。

5. 加强对人才的管理和引导

加强对马口窑陶艺人才的管理和引导，具体措施包括建立人才信息库，及时掌握陶艺人才的情况和需求，为他们提供更具针对性的指导和支持。此外，加大对陶艺人才的宣传力度，通过多渠道推广，提高他们的社会认知度和影响力，为他们创造更加有利的成长条件。

总之，通过进一步扩展和实施上述措施，可以更好地加强马口窑陶艺人才的培养，做好人才引进工作，为马口窑陶器产业的发展提供更多的人才支持。同时，也可以为中国的非物质文化遗产保护和传承提供有益的参考和借鉴。

（八）路径之八：加强环保等系列政策扶持引导

环境问题是制约马口窑产业发展的关键因素，期望政府与相关部门合作，制定相应的环保政策和措施。其一，建立严格的环保法规和标准，限制污染行为，鼓励绿色生产和可持续发展；通过各种渠道和方式，加强对环保的宣传和教育，增强公众的环保意识和责任感，如举办环保主题的活动和展览，促进环保理念的普及和传播。其二，鼓励马口窑生产企业和个人采取绿色生产和节能减排措施，尤其是推广新型环保材料的使用等，以减少对环境造成的影响。

此外，政府可以出台一系列相关政策，支持马口窑陶器产业的发展。例如：制定针对文化产业的政策，鼓励和支持马口窑文化的传承和发展；设立文化产业资金，提供财政支持，鼓励企业投资马口窑文化产业，推动产业升级和发展；建立马口窑文化保护政策，加强对马口窑文化遗产的保护和管理，对马口窑遗址、文物等进行保护性修复，防止破坏和流失。在鼓励和支持传统手工艺传承方面，政府可以采取多项措施。例如：加强对传承人的保护和培养，提供资金和政策支持、设立传承人工作室和培训基地等；出台鼓励和支持文化旅游发展的政策，将马口窑文化特色小镇打造成为全国文旅融合模式的典范，加强旅游基础设施建设，提供优质的旅游服务，举办文化活动和展览，吸引更多游客前来参观和旅游。

总之，政府在环保及产业发展政策上的扶持与引导，对马口窑市场化活态传承具有重要意义。通过政府的积极引导，提高公众对马口窑文化的认知度和参与度，从而引导社会各界积极参与马口窑的保护和市场化活态传承工作。

（九）路径之九：文化交流推广传统技艺

建立马口窑陶器文化交流平台，吸引陶艺艺术家、设计师、学者及爱好者一起交流、学习。通过举办陶艺文化节、陶器展览、学术研讨会等活动，促进马口窑文化的交流和传播。同时，加强与国外陶器行业的交流与合作，引入国外先进的陶器技术和设计理念，推动马口窑文化的创新和发展。与国外陶瓷产区建立合作关系，互派陶艺艺术家、学者进行交流和访问，共同推动陶器艺术的繁荣发展。

在产学研合作领域，不断加强马口窑陶器产业与高校、科研机构的合作，共同培养和引进更多优秀人才。与高校、科研机构合作开设陶器专业课程，建立实习基地，为学生提供更多的实践机会和实践指导。同时，邀请国内外知名陶艺艺术家授课、指导、交流，提高马口窑陶艺人才的技艺水平和创新能力。

为了让更多人了解和体验传统陶器制作的魅力，可以将马口窑陶器制作技艺推广到学校、社区等场所，通过开展陶器制作体验活动、建立陶器制作教学基地等方式，让更多人了解和体验传统陶器制作的过程和乐趣，传承和弘扬这一传统技艺。

「非」入寻常百姓家

一、八个非遗项目市场化案例的启发

《"十四五"非物质文化遗产保护规划》中提出,非遗是中华优秀传统文化的重要组成部分。保护好、传承好、弘扬好非遗,对于延续历史文脉、坚定文化自信、推动文明交流互鉴、建设社会主义文化强国具有重要意义。

中华文化博大精深,中国传统手工艺在传承中体现了人文美、匠心美、意境美与材质美。手工艺发展既是文化历史与精湛技艺的传承,也是创造性手工不断发展的结果,它的传承与发展同样需要保护。作为一名非遗领域的市场践行者,我们在配合政府有关部门实施抢救性保护措施的同时,更应前瞻性地着眼于生产性保护及传承性保护。在不违背手工艺术生产规律的基础上,帮助传承人适应市场变化,实现经济效益、文化价值与社会效益的有效融合,是我们肩负的使命。下面精选了八个传统手工艺案例,旨在为荆楚非遗文化的传承与创新之路提供启发。

(一)"一把好梳子":谭木匠走遍全球

案例故事

谭木匠:定位为魂 五环为体 打造品牌第一

谭木匠是中国目前经营非常成功的传统手工艺品牌之一。谭木匠创始人谭传华1957年出生于重庆开县(今开州区)的一个农村家庭,10岁时不幸遭遇意外,右手致残,后凭借坚忍的意志,从事教师一职。1979年,他毅然辞职,踏上了探索世界的征途。1984年,谭传华开始创业,1993年开始生产梳子,创立谭木匠品牌。在短短二十多年间,这家源自中国重庆的企业取得巨大的成就,成为行业翘楚。谭木匠的足迹遍及全球10多个国家300多个城市。在其发展历程中,不乏数件令人津津乐道的里程碑事件。

1. 火烧 15 万把梳子

1995 年，公司对木梳进行技术革新，决定清除库存积压的可能存在质量隐患的木梳。有批发客户愿意以每把 2 元的价格全部收购，公司全体管理干部对此提议都表示赞成，但董事长夫妇却坚定地持反对意见："若舍不得这 30 万元，就不是真心想创名牌。只有横下一条心，把质量放在首位，谭木匠才有希望！"优秀的企业没有"一锤子买卖"，坚守品质和诚信才是生存之道。最后，他们销毁了 15 万把可能存在质量隐患的梳子，宁愿承受 30 万元的损失，也绝不允许任何有质量问题的产品流入市场。

2. 招聘银行广告，出奇制胜

在面临贷款困境时，公司另辟蹊径，在报纸上公开发布招聘银行信息。1997 年 8 月 18 日，《重庆商报》刊登《谭木匠公司招聘银行》一文，引发全国金融界、企业界关注，上千家报刊转载。这种自我宣传的方式，不仅成功获得了资金支持，更在业界形成轰动效应，展现了非凡的营销创新能力。通过这样的方式，谭木匠不仅解决了资金问题，还极大地提升了品牌的认知度和影响力，这在当时无疑是一项创举。

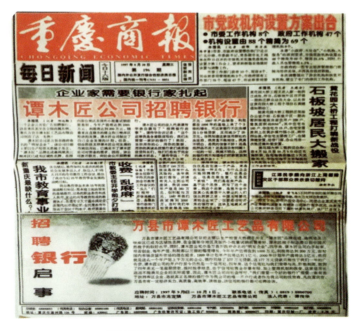

当时刊登招聘银行信息的报纸

3. 连锁店面的全面革新

为应对市场变迁，面对品牌形象老化的挑战，谭木匠着手品牌变革。他们改变了十多年不变的店铺形象，将年轻消费群体纳入重要客户体系，从LOGO焕新、包装的重新设计、产品及店铺设计的全面升级、品牌推广策略的调整等方面着手。在LOGO与包装的焕新与重新设计中，谭木匠深入研究了年轻人的色彩偏好及消费习惯。对于产品及店铺的改造，谭木匠斥巨资聘请第三方专业团队设计，进行了整体大变革，旨在打造更符合年轻人审美的品牌形象。同时，谭木匠还拍摄了一系列贴近年轻人审美、能引起年轻人情感共鸣的微电影来进行品牌传播，一举获得成功。

1998年第一家加盟店

谭木匠店铺新形象

启示

1. 产品质量是生命之本

谭木匠在成立之初便一直信奉质量是根本的原则，秉持诚信经营的企业价值观。对于质量不达标的梳子，宁肯自己承受损失，也要确保对消费者负责，正是这种坚守诚信的企业精神支撑它发展、壮大。作为一家极具社会责任感的企业，谭木匠坚信"做事先做人"的原则，为360多名残疾人提供就业机会，无疑彰显了其非凡的社会担当。

2. 企业内外核心价值驱动力

企业内驱力永远是企业前进的核心动力。谭木匠找准市场定位，以白领、年轻消费者为主要客户群体，在员工及外部加盟商中构建共同的价值观，制定了统一的全员行动章程，同时打造出区别于对手的视觉锤，在倾听内外意见反馈的过程中不断优化品牌形象，这就是谭木匠的五环定位法。任何商业运营都有其固定的模式，然而企业内在驱动力却是无法被简单复制的。谭木匠给笔者印象最深的还是其企业文化精神，这是企业内外核心价值驱动力所在。企业坚信人的创造力是无限的，将诚实、劳动、快乐作为员工价值推力，倡导和谐的家庭关系及企业内外关系，这些都是企业经营活力源源不断的源泉。谭木匠的成功为中国传统手工艺品牌，尤其是荆楚非遗文化的传承及创新提供了借鉴。

3. 品牌变革市场化调整战略

谭木匠的成功离不开品牌创新。品牌建立后面临的难题之一就是品牌变革。任何文创产品要成功对接市场，需要结合自身产品特色，找准品牌定位。谭木匠在不到十年的时间发展为上市企业，成为行业的领军品牌，这与其奉行多年的诚信经营的企业价值观密不可分。在品牌发展中期，谭木匠敏锐地察觉到了品牌老化、客户沟通欠缺等问题，于是果断采取行动，重新树立品牌形象，由类别品牌向伙伴品牌转化，强调感性价值驱动，与消费者建立了一种新的沟通模式，吸引大量年轻消费者关注。这种及时的品牌战略思维转变和品牌改进措施，值得现有的荆楚手工艺品牌借鉴与学习。只有找准客户定位，紧跟市场变化，不断创新品牌思路，并与目标消费者保持情感交流与沟通，围绕客户需求调整市场营销策略，才能重新树立良好的企业品牌形象，进而确保品牌的持久生命力。

（二）贾氏贡醋：非遗传承人的思维创新

案例故事

从窑洞古法到电商新宠

陕州柿子醋酿造技艺，是三门峡市的一项非物质文化遗产技艺，其传承人张照杭，是一位驰骋商海多年的广告人，因在家中排行老三，被人亲切地称为"三哥"。张照杭的家族世代以醋酿为业，2015年，他回到河南老家，全身心投入到家族柿子醋酿造技艺的传承与发展之中。在他的不懈努力下，2019年三门峡贾氏贡醋获得"河南老字号"殊荣。张照杭自创的贾氏贡醋品牌，从最初的市场销售额仅几千元增长到如今的千万元这一非凡成就得益于他在坚守传统技艺的同时积极融入创新思维。近年来，他紧跟时代步伐，从最初的淘宝、天猫、京东等传统电商店铺，逐步拓展至抖音、快手等新媒体渠道，招募专业的"带货人"，组建了一支高于市场平均薪资50%的精英市场运营团队，使得贾氏贡醋在电商领域迅速崛起。

1. 窑洞醋窖手工醋的坚守

窑洞，是中国极具标志性的民居形式，具有深厚的文化积淀。醋，是美食的调味剂。两个看似毫无关联的元素，却在豫西这片土地共同孕育出独特的醋文化与风味。窑洞醋窖，简而言之，就是将窑洞作为醋窖，以各种水果为原料，采用古法精心酿造，产出风味独特的手工醋。窑洞醋窖有着悠久的历史，是我国传统文化精髓的体现。俗话说，上等的好醋离不开醋窖。贾氏贡醋所使用的窑洞冬暖夏凉，为醋的发酵营造了一个恒温环境，因此被称为"母亲醋窖"。这种利用窑洞进行酿醋的方式，至少有一千多年的悠久历史，所以窑洞醋窖在海外被誉为"化石上的醋工厂"。

窑洞醋窖具有以下独有特性。

（1）冬暖夏凉。

醋的品质深受发酵环境的影响。窑洞具有独特的结构，其顶和壁隔绝了大气的直接热交换，仅有窑洞口与外界相通。因此，窑洞里的气温变化滞后于外界的气温变化，且温差变化不大，从而形成了冬暖夏凉的环境。这种恒温特性对于醋的酿造至关重要，因此地域特色鲜明的窑洞作为醋窖再合适不过了。

（2）环保节能。

窑洞的墙面和地面多由土层或者砖块箍成，既节省材料又环保，同时还具有防潮、防噪声、防火的功能。此外，窑洞的地层越深，温度越恒定，为醋的长时间恒温酿造提供一个理想环境。

（3）温度相对恒定。

窑洞温度常年恒定在20℃左右，且透气性良好，这为醋的自然发酵创造了有利条件。在这种均衡环境中，微生物长期作用产生微量元素，赋予醋独特的风味。这一过程无须人为干预，如不用加入不同菌种或采用工业方法调节温度等，从而保证了醋的纯正口味与高品质。

贾氏贡醋原料多为药食同源类水果，不添加糖或食盐，经自然发酵，水果中的糖分先转化为酒精，再进一步转化为醋酸。不同水果酿造出不同口味，清香而纯正。这正是贾氏贡醋口味区别于其他醋的原因。

窑洞这一传统民居形式，体现了天人合一的思想，如今它因储藏功能多了一个身份——醋窖，承袭着醋窖文化，同样彰显着天地合一、抱朴含真的生活态度。

豫西贾氏窑洞醋窖，集天然酿造环境、古法酿造工艺与天然酿造原料于一体，同时引入现代灌装设备，既满足了现代人对天然产品的追求，又符合国家对食品安全的高标准，实现了科技与自然的和谐共生、传承与现代的完美结合，正是这样的共生与结合，才能酿造出好醋。三门峡陕州地区至今还保留着传统酿醋工艺，而贾氏贡醋作为这一传承技艺的坚守者，在大时代浪潮下，依然坚持"小产量、高品质"的匠心之路。

2. 现代无添加手工传承酿醋

酿造无添加的传统手工柿子醋，是贾氏贡醋在食品安全方面始终坚守的原则。贾氏贡醋多年来一直致力于传承和发扬传统酿醋工艺，借助黄土塬特有的地质条件，修缮了数百米长的窑洞作为酿醋场地。

几十个大大小小的窑洞错落有致地排列着，其中，短的窑洞长达100米、宽4米、高5.5米，作为水果自然发酵场所；长的窑洞呈"U"形，长约140米、宽6米、高5.5米，作为成醋的窖藏之所。

窑洞醋窖

柿子成熟之际，也是酿醋师傅们最忙碌的日子。他们上山下乡，采摘优质的野生柿子。师傅们将采摘的新鲜柿子仔细清洗和阴干后，逐一放入窑洞内整齐排开的醋缸中，装至缸中三分之二的位置便封口，以促进无氧发酵。随着时间的推移，柿子中的糖分会慢慢转化为酒精，完成柿子的第一次自然发酵，在这一过程中，醋缸不能随意打开，以确保发酵的顺利进行。

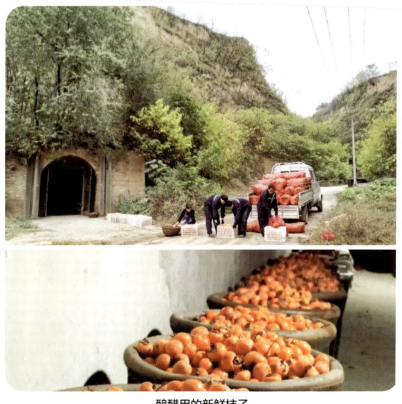

酿醋用的新鲜柿子

排列整齐的醋缸

柿子发酵完成后便到了传统的淋醋阶段。为了确保醋的质量，淋醋场所选在无尘无风的封闭环境。民间传统酿醋师傅根据几十年的丰富经验，通过闻与观来判别醋的优劣与成熟程度。一般情况下，闻之酸味醇厚、观其色如琥珀就是好醋。贾氏贡醋在此基础上，运用科学方法，通过测量熟醋的酸度来判定其品质，总酸含量达到国家标准 3.5 g/100 mL，即为好醋。淋好的醋会再次放入窑洞内的千斤大坛中，密封至来年的端午节前后，这一过程称为窖藏。

淋醋

从采摘柿子到最终酿成上好的原浆柿子醋，整个过程历时近两年，历经采摘、清洗、晾晒、入缸、封窑、晒醋、淋醋、窖藏等多道工序，1 吨柿子通常酿出 0.8 吨醋。

面对现代社会快节奏的生活方式，"三哥"坚定地说："现在快的东西太多了，但是我就要坚守原来的慢节奏。"他坦言自己没有秘方，只有坚守。传统手工醋艺以高投入低回报的产出方式，在世代更迭中不但保持了传统的酵作工艺和醇厚口感，更将记忆中无添加的果醋味道，以及祖辈世代传承的柿醋文化深深根植于一方文化之中。

启示

1. 品牌创新思维，成功第一步

在 2018 年正式线上推广陕州柿子醋这一传统技艺之前，张照杭已提前用三年时间精心打造贾氏贡醋品牌。他深知，市场运作中品牌先行的重要性，这是迈向成功的第一步。2019 年 10 月 8 日，经河南省民间文化遗产抢救工程专家委员会的严格评审，三门峡贾氏贡醋被认定为"河南老字号"。官方认证无疑为品牌的发展提供了强劲动力。在品牌运营过程中，张照杭及其团队始终保持动态创新思维，根据市场变化来调整产品及营销策略。起初，贾氏贡醋主营水果醋产品，经过市场调研发现，消费者购买后并非直接饮用，而是用于泡澡、做面膜等其他用途。于是，他们重新定位产品研发方向，开发针对护体、养生等需求的高端系列产品。这一转变突破了传统思维模式，在保留水果醋原有特色的基础上，开发新的商业价值点，实现了品牌的升级与拓展。

柿子醋研发新产品系列

2. 坚守传统技艺中的现代创新思维

继承与创新一直是中华民族发展的核心动力。在落后、贫穷和物资匮乏时期，我们一度全面学习外来经验，全力推进工业化进程，这些举措虽然在一定程度上缓解了物资匮乏的问题，但忽视了对传统文化的传承。在这样的情况下，贾氏贡醋在坚持古法窖醋传统技艺的基础上，进行工艺创新，采用科学方法，将熟醋度数作为品质评判的关键指标，实现了工艺上的重大飞跃。这一举措既保留传统制醋工艺的原汁原味，又将真正的养生醋文化呈现给消费者。

3. 基于电子商务的市场模式创新

2018年贾氏贡醋正式全面开启线上电子商务交易。针对其柿子醋产品主要面向年轻、有品位的白领消费群体，贾氏贡醋选择了现代年轻人偏好的网上购买作为主要市场渠道，不再进行线下交易。经过调整与优化，保留了一支由常驻骨干精英构成的运营团队，核心是寻求一些能提升销售额的新媒体平台进行合作，要求合作方自带流量，双方共同商讨合理的利润分成比例。这种"借鸡生蛋"的电商模式，极大地降低了自身的成本。相较于传统的线下KA卖场，线上销售避免了仓储、物流及进场等大量资金的占用，实现成本的快速回收。

4. 目标客户精准分析后的营销策略创新

基于目标客户消费喜好数据分析，贾氏贡醋以年轻客户经常访问的新媒体平台作为主要投放渠道，同时有针对性地开展品牌宣传活动，将约一半的销售收入用于线上广告投放。这一大胆举措在企业界，尤其是在那些刚起步的手工艺品牌企业中是极为少见的。实践证明，这种线上宣传得到极好的投入回报。除了选择合适的投放渠道和制定有效的宣传策略，贾氏贡醋在产品包装设计上也充分考虑现代年轻人的审美需求，相比之下，当前很多传承人的产品在包装设计方面需要重点提升，根据目标客户的喜好进行开发和设计，一切从目标客户需求和实用性出发。

（三）售卖手工材料包营业额逾千万元的"大卫爸爸"

案例故事

找准儿童手工空隙市场的业界黑马

"大卫爸爸"做线上手工材料包，企业营业额逾千万元。

2007年，迪鸥手工玩具有限公司（以下简称迪鸥手工）创立，专门从事手工玩具的研发和生产；2010年开始做羊毛毡手工DIY；2014年开始做儿童手工；2017年成立"大卫爸爸"手工世界。

迪鸥手工作为手工行业的领跑者，于2014年正式开始公司化运营，集研发、生产、销售于一体。作为创造力手工的开创者，"大卫爸爸"倡导"陪孩子天马行空"，顺应孩子天性，开发孩子的想象力，培养孩子的动手能力。其产品范围广泛，涵盖布艺、黏土、创意礼品等多种类型的手工DIY，均选用安全环保的手工材料，在孩子快乐体验手工乐趣的同时保障他们的健康。"大卫爸爸"研发了完整的课程体系，为学习者提供优质的教学服务。针对手工行业存在的产品品类单一、同质化严重、更新缓慢等痛点，"大卫爸爸"要通过设计更多样化、更新快速且标准化产品才能解决此问题。基于此，"大卫爸爸"找到市场空隙，即生产标准化的不织布手工DIY材料包满足儿童市场个性化需求，而不是提供传统的成品手工品。线上业务大获成功后，"大卫爸爸"积极探索线下市场，在商场开设"大卫爸爸"手工世界，参与度非常高。

1. 产品设计与开发

"大卫爸爸"一直关注产品设计的原创性和独特性，其产品开发遵循五个阶段，即纯模仿阶段、差异化模仿阶段、改良型模仿阶段、跨界模仿阶段、产品全创新阶段。面对市场上模仿及抄袭现象严重的情况，"大卫爸爸"坚持快速迭代产品，提高抄袭者的成本，从而在激烈的市场竞争中脱颖而出，并凭借卓越的品质赢得消费者的口碑，有效区分于竞争对手。

2. 管理技巧

"大卫爸爸"成立之初，公司就高度重视设计人员的绩效考核机制，力求将合适的人安排到合适的岗位，并实行项目责任制和主动跟进制。此外，设计人员的薪酬与市场销售表现及反馈挂钩，一旦其原创设计产品成为爆款，相关设计人员将获得丰厚的报酬，这种激励机制极大地促进了原创设计产品数量的增长及质量的提升。同时，公司将全员划分为设计人员和非设计人员（A类和B类），并进行管理，营造良好的合作氛围，在公司内部形成良性的合作激励机制。

手工材料包制作的零钱包

启示

"大卫爸爸"的成功经营给手工艺人带来了以下启示。

1. 标准化运营与项目制执行相结合

在供应链管理中遵循项目制原则，从材料采购、生产到质检均实行标准化运作。例如：材料包每层均有详细的标准要求记录于纸上；整个动线设计力求优化，包括货架如何摆放以便员工少走弯路等，这一系列设计同样有标准化方案。

2. 采用新媒体营销策略

针对荆楚非遗中的新奇独特产品，如果具备引发冲动消费的特性，可以考虑通过新媒体平台进行销售。若产品具有高利润率、高复购率、引发冲动消费三个特点，可以考虑通过微商渠道，利用新媒体的力量进行推广。

3. 寻找市场空隙与简化模式

在现有市场中寻找空隙，线下渠道避免盲目推出市场上没有的产品，因为市场空缺往往意味着需求不足。同时，建议采用简单高效的运营模式，不必过度追求模式创新，而应借鉴行业成功经验，深入挖掘并强化自身的核心竞争力。对于个性化且量小的产品，应关注生产流程的优化及包装设计的特色化。可通过小批量试销快速进入市场，并通过柔性供应链实现快速上新。

4. 优化品牌体验设计

品牌体验设计应聚焦三个关键节点：入店、离店、关键时刻（MOP，即"哇塞时刻"），通过精心打造这些环节，可以给消费者留下深刻的印象，从而提升品牌忠诚度和口碑。

（四）三峡绣——产品跨界整合的佼佼者

案例故事

市场需求与国家政策成功融合者

刺绣在万州已经有上千年的历史，深刻体现了古代劳动人民对美的追求。然而，随着工业化进程的加快，三峡刺绣这一传统技艺一度濒临失传。幸运的是，一位来自东北的姑娘史磊不仅将三峡刺绣"捡"了起来，还创新性地将其转化为精美的文创产品，成功推向市场。1999年，史磊随丈夫来万州创业，一次偶然的机会让她接触到了三峡刺绣。当她第一眼看到三峡刺绣的时候，就被精美绝伦的工艺震撼了。当时三峡刺绣工艺面临失传的困境，史磊觉得十分可惜，立志重振这一萧条的刺绣产业，2005年7月，她成立了重庆市万州区三峡绣手工艺品有限公司（以下简称"三峡绣公司"），生产、销售三峡刺绣手工艺品、办公用品、服装等。

1. 专业产品研发团队，致力将传统工艺融入现代生活

为了确保产品的高品质，三峡绣公司组建了一支专业的产品研发团队，以市场需求为导向，在传统刺绣手工艺品的基础上不断创新，派生、衍变出了一系列丰富的产品，致力于将三峡刺绣这一极具民族文化特色的传统工艺巧妙地融入现代生活中。公司开发了"艺术空间""锦绣服饰""小家碧玉""千年典藏"四大系列产品。在公司的产品展示厅内，各种精美的刺绣产品让人目不暇接。这些刺绣作品中，花鸟虫鱼栩栩如生，山水风光灵动写意，它们完美地融入屏

风、隔断等产品中。如今，新的刺绣理念和创意已广泛融入家居装饰、床上用品、经典服饰、工艺日用品乃至收藏级艺术品等多个现代生活领域。

除了创作精美的刺绣作品，史磊还一直致力于将刺绣与其他多种工艺进行跨行业融合，如与榫卯工艺、玻璃工艺等多种工艺，以及铝合金、钛合金等现代材料进行跨行业融合，赋予产品更加时尚、独特的面貌。

2. 发现家居市场空白，品牌先导新品开发成功

在发现重庆布鞋制作周期长（一双需要一周完成），且工人工资低，相较于老北京布鞋并无明显竞争优势的情况下，史磊决定转向"夏娃的诱惑"家居服饰品牌。浙江台州是家居服饰全国加工基地，史磊将家居服饰进一步融入手工刺绣等元素，成功引领市场潮流。2016—2019年，这种刺绣家居服饰在重庆广受欢迎，常被作为礼品赠送。仅这一项产品的销售额就取得了显著增长。相比之下，同期开发的其他几十个产品系列，如杯垫、零钱包等，由于市场替代性强，并未取得理想的销售成绩，这表明此类刺绣产品的开发并不成功。

此外，刺绣屏风是三峡绣公司开发的另一款成功产品。它在家居市场、餐厅、茶室及文化空间氛围浓的场所有着广泛的需求。自2012年起，公司将刺绣与漆艺、木器、玻璃等多种工艺及材料巧妙结合，推出了一系列屏风产品，如刺绣隔断、刺绣背景墙产品等。这一系列创新不仅填补了市场空白，取得了显著的成功。

3. 积极参与扶贫，信息化传播与创新

在推动产业发展的同时，三峡绣公司亦不忘回馈社会。在政府相关部门的支持下，三峡绣公司开办了三峡绣（蜀绣）贫困残疾人扶贫车间，为贫困户中的留守、残疾妇女们提供了三种就业方式：一是居家灵活就业，即将材料带回家中工作；二是公司城区就业，特别关照了孩子在城市就读的家庭，可安排至万州城区的企业工作；三是就近乡镇就业，通过扶贫车间提供岗位。

目前，史磊致力于通过国内外的社交推广平台，实现研发数据化、生产标准化、销售信息化、人才管理可持续化，通过现代科技手段为传统工艺产业赋能，通过互联网让三峡绣走向更广阔的舞台。同时，她计划打造一个手工定制数据库平台，让企业客户能够通过小程序便捷地定制产品。

启示

1. 产品跨界整合，迎合市场需求

三峡绣公司在开发刺绣屏风时，巧妙地将刺绣与漆艺、木器、玻璃等不同工艺和材质结合，这是一种产品跨界创新。这种跨界整合不仅展现了工艺的多样性，还为产品带来了新的生命力。通过这种创新方式，三峡绣公司成功地将传统与现代元素融合，创造出既有文化底蕴又符合现代审美需求的独特产品。这种跨界创新不仅提升了产品的艺术价值，还为市场带来了新的发展方向，满足了消费者对个性化的和高品质的需求。

2. 发掘间隙市场，及时调整经营战略

非遗产品的开发并不是产品数量越多越好，而在于开发出具有原创性和较高市场接受度的精品。一个成功的原创产品往往能成为爆款，应具备一定的核心竞争力，并在短期内实现销量的飞跃。因此，荆楚非遗人应在重庆三峡绣的成功案例中找到启示，发掘间隙市场，待开发的领域往往蕴含着发展的潜质，马口窑虽然市场知名度有限，其关键在于找到精准的供需双方。这不仅是荆楚文化传承的重要支撑点，也是推动其发展的重要途径。此外，互联网信息化技术为渠道创新与营销提供了强有力的手段，一方面助力企业快速塑造和传播品牌形象，另一方面也带来了实际的流量和订单。

3. 顺应国家政策，扶贫项目支持

非物质文化遗产和手工艺产业的蓬勃发展，离不开国家和地方政府的坚定支持与积极推动。近年来，随着乡村振兴战略和扶贫工程的深入推进，这些领域已经成为国家重点关注和扶持的对象。在此背景下，前文提到的荣昌陶模式，本质上就是乡村振兴战略在手工艺领域的具体体现。与此同时，三峡绣公司则在城市扶贫方面发挥了重要作用，助力城市贫困群体脱贫致富。顺应国家政策，不仅为手工艺产业带来项目或资金上的支持，还为企业树立良好的社会形象，提高其在公众中的传播度和美誉度。因此，荆楚手工艺人、工作室以及相关企业，应当密切关注国家和地方政府的相关政策动态，积极争取政府的支持和背书。通过这种方式，努力提高个人或企业的对外形象，增强其在市场中的竞争力和

影响力。只有这样，才能更好地传承和发展荆楚非物质文化遗产，推动手工艺产业的繁荣和进步。

（五）荥经砂器：卖砂锅转向开餐厅的故事

案例故事

荥经砂器的产品功能价值创新

荥经砂器，四川省荥经县特产，有着两千多年的烧制历史，与江苏的宜兴紫砂齐名。荥经砂器以荥经砂锅闻名，采用本地特有的黏土和煤灰，经过1000℃以上的高温烧制而成。荥经砂器质地古朴，具备抗腐蚀、耐酸碱性能，且在使用过程中不会发生化学反应，能有效地防止储存的食物变质，保持食物的营养成分与鲜美口感，因此广受赞誉。2008年，荥经砂器烧制技艺被列入国家级非物质文化遗产代表性项目名录。2013年11月，国家质量监督检验检疫总局批准对荥经砂器实施地理标志产品保护。湖北的蕲春管窑手工制陶技艺与荥经砂器烧制技艺有着相似之处，两者都是当地历史文化积淀的产物，且产品多为民间食具。

20世纪90年代中后期开始，随着多样化日用替代品的不断涌现及更新换代，荥经砂器市场，尤其是砂锅等日用生活类产品市场逐渐萎缩，从业人员数量减少，年销售额下降。

20世纪90年代末，荥经县开始着力规范、引导和培育砂器产业，在手艺传承和市场推广方面做了大量工作，不断提升荥经砂器的外部形象和知名度。同时，政府着意将雅安蒙山茶与荥经砂器进行整合推广，使"茶砂共存"或"茶砂一体"的理念得以广泛传播并逐步实施。

2009年，荥经县被誉为"中国黑砂之乡"，荥经黑砂开始与宜兴紫砂齐名天下，有了"东有紫砂，西有黑砂"的说法。

为了抢救与保护这一传统制作技艺，推动荥经砂器艺术的发展与传承，2010年，荥经县正式成立了荥经砂器传统手工制作技艺传习所，旨在培养一批专业的砂器制作技术人员，提高产品的技术含量和工艺水平。

荥经砂器

2013年，荥经县已发展成为拥有4家龙头企业和30余家个体作坊的砂器生产基地，年产量高达400万件，年产值达到3000万元。同时，该地还建立了荥经砂器文化产业示范园区和荥经砂器一条街，并形成以朱氏砂器、曾氏庆红砂器为代表的砂器产业。

2016年，荥经县砂器产业进一步壮大，砂器注册公司达8家，砂器网店20家，砂器一条街销售门市与生产作坊分别增至50家和16家，从业人员约600人，年销售产品超200万件，年销售额突破亿元。

叶骁曾是一位的漆器设计师，在广东一带有自己的生意，出于对荥经砂器的喜爱，便尝试将这一工艺融入茶器设计中，结果一举成功，市场反响热烈。于是，他决定进一步探索，尝试回归荥经砂器的原始功能，打造了一系列造型精美的砂锅投放市场，然而这些货品却积压几个月，遭遇了滞销。面对这一困境，叶骁灵光一闪，萌生了开砂锅汤店的想法。他迅速付诸行动，将那些积压的造型精美的砂锅作为餐具，搭配恰当的装修，通过精心策划的宣传和消费引导，砂锅汤店迅速获得食客的青睐，一天就能卖出上百份砂锅汤。如今，之前积压的砂锅转变为餐饮文化的附属品，销量大幅提升，叶骁的这一创新之举再次取得了成功。

启示

产品衍生开发不应仅仅局限于产品本身,更重要的是要有创新思维,关注生活,从市场实际需求出发,找到品牌功能价值与文化价值的新的结合点,实现产品功能价值的创新性转变。在体验式场景营销中,我们应注重文化传承与价值实现的双重目标。从产业发展的角度来看,湖北蕲春管窑可以借鉴荣经砂器"茶砂共存"或"茶砂一体"的理念,在"茶陶共存""茶陶一体"的理念前提下,结合湖北现有茶资源,鼓励管窑企业,尤其是设计类企业或个人参与其中,同时,建立传习所,培养管窑技艺专业人才。同样,马口窑也可以借鉴荣经砂器成功的产业发展模式,将文化传承与市场传承相结合,以广阔的大文创思维引领功能价值的开发,使场景营销产生更加显著的效果。

(六)半坡氏族:手工品牌传统与再造

案例故事

一包一世界,半坡伴人生

半坡饰族这个具有艺术气息的皮具品牌创立于 1997 年,其品牌名称来源于新石器时代的半坡文化。半坡饰族从一间仅 3 平方米的手工作坊起步,凭借初创时仅有的 2000 元投资,经过数十年的发展,实现了上亿元的销售规模。如今,半坡饰族已经发展成为一个集研发、生产、零售于一体的现代创意型艺术品牌,拥有了自己的生产基地。半坡饰族的店铺遍布全国上百个大中城市,其产品深受广大消费者喜爱,成为行业内公认的原创艺术手工品牌典范。

1. 解构与重组

半坡饰族始终秉承原创艺术精神,以细腻优雅的东方审美格调诠释着品牌的独特魅力,在每一个产品的创作过程中,始终坚持解构与重组的理念。解构,是对中国传统文化精髓的深入剖析,深度感知和领悟其内涵,为产品设计奠定坚实的文化基础;重组,是在对中国传统文化精髓进行深入解读之后,将现代时尚风格理念与中国传统文化艺术相结合,运用现代审美技法复兴中国传统文化艺术，将民族特色融入国际时尚潮流，真正实现每一件产品都是中国传统文化精髓与现代时尚潮流的精彩演绎。

2. 艺术原创人生

半坡饰族的设计师将每一位顾客都视为生活的艺术家，在设计时融入了自己的真情实感和不同心境的体察，以原创性的绘画风格和故事表达，为每一件产品赋予灵魂和生命。半坡饰族认为"原创艺术"不仅是独特的，更是有生命力的，它既是彰显个性风采的生活时尚，也是慰藉情感的心灵鸡汤，更是融合情感和智慧的人生珍藏。

启示

1. 全产业链经营思维

半坡饰族的总部坐落在中国南方的经济中心——广州。早在2003年初，半坡饰族便在广州这片充满活力的土地上建立了自己的专属生产基地。这个基地不仅仅是一个生产场所，更是集研发、生产、销售于一体的综合性平台。通过这个基地，半坡饰族充分发挥了自身的生产能力，并依托其强大的自主创新能力，坚持全产业链的企业经营思想和理念，并致力于推动产品品牌的规模化发展，不断提升企业资源的利用率。这种高效的资源整合和利用，使得半坡饰族不断优化生产流程，提高产品质量，从而形成具有鲜明特色的品牌文化。半坡饰族的产品不仅在国内市场广受欢迎，更是凭借其独特的艺术风格和精湛的工艺，将中国的传统文化元素与现代时尚完美融合，在引领艺术皮具潮流的同时，向世界展示了中国文化艺术的独特魅力。

2. 以市场为导向的运营模式

以半坡氏族为代表的设计师手工艺品牌见证了20世纪90年代一部分中国传统手工艺品牌的快速发展。这个诞生于重庆的品牌，坚持以文化为基础、以原创为核心的理念，致力于让艺术走进生活，让生活变得美。半坡饰族在全国范围实现快速连锁扩张，成立了多家皮具销售店铺。进入21世纪，面对新的挑战，半坡饰族积极转型并探寻新的运营模式。一方面，针对客户消费升级、商业环境变化的趋势，大幅缩减原有的街面店铺数量，转而向固定购物商圈发展，或者拓展线上业务；另一方面，半坡饰族与博物馆合作，共同开发新产品。在寻求新的合作模式过程中，不断提高企业品牌影响力。这一变革为传统手工艺者提供了宝贵的启示：应根据市场的变化不断调整经营策略，同时加强跨界合作，在持续探索中不断提升产品的核心竞争力和品牌影响力。

3. 科学营销管理

市场营销在企业产品品牌的发展中具有举足轻重的地位，而对企业市场营销进行科学的管理，能够使营销活动变得井然有序，从而达到事倍功半的效果。显然，半坡饰族在品牌营销的科学管理方面有着独特的管理模式，这是一种"文化＋创新＋情感"的营销模式。首先，半坡饰族品牌的创立和发展，始终秉承着文化营销的核心理念，无论是品牌名称来源于新石器时代的半坡文化，向大众传达着品牌的传统文化内涵，还是在品牌持续的发展过程中，对中国传统艺术精髓的解构与重组，都体现了文化营销在品牌成长中的强大推力。其次，半坡饰族的设计拒绝重复和模仿，对于创新尤为看重，通过独特的手工技艺，将刺绣、剪纸、漆髹、雕刻等多种艺术形式巧妙地呈现于真皮之上。同时，半坡饰族在真皮手袋领域首次提出了"原创艺术手袋"的概念，以其独有的原创性开创了行业新品类和工艺新标准，致力于运用现代技术复兴传统手工艺术。最后，半坡饰族在情感营销的科学管理方面也做得恰到好处。设计师在设计每一个产品时都会融入自身的情感，以质朴的绘画语言，将包的结构和皮的肌理完美融合，细致入微地表现出不同的产品性情，希望消费者能够和产品产生情感上的共鸣。总的来说，半坡饰族这种科学的营销管理对于品牌的发展具有借鉴意义。

（七）扇文化传承和京扇子手工品牌故事

案例故事

国潮下的文化传承，扇子中的生活态度

京扇子品牌自 2012 年创立以来，始终坚持以扇为媒介，深入挖掘并弘扬中国扇子背后所蕴含的历史文化，在历史与文化的基础上，品牌融合现代工艺与时代风格，为扇系列产品注入新的活力，在注重实用性和

艺术性的同时，深刻凝聚东方文化的精髓，以扇为媒，传达出中国人对于自身、对于社会的生活态度。经过多年的不懈努力，"京扇子"逐步发展壮大，拥有了多家直营门店和核心团队，掀起了一场扇文化国潮，持续推动新时代的扇产品成为中国的文化符号走向世界舞台。京扇子通过多种渠道合作，专注于打造实体门店、分销渠道与线上销售服务于一体的营销方式，成为当下中国乃至世界的现代扇文化产品的引领者。

京扇子产品展示

1. 灵感迸发

2011年，北京王府井翠玉缘店内首次以专柜的形式设立了扇子销售点，这激发了京扇子品牌创始人王后荣的灵感，他萌生了开设一家专门售卖扇子的店铺的想法。随后，王后荣于2012年8月4日在后海的烟袋斜街开设了第一家京扇子店面。据王后荣回忆，京扇子烟袋斜街店开业之初，就吸引了众多路人的目光，人们纷纷进店参观，让他十分欣喜。欣喜之余，他仔细分析了京扇子

京扇子品牌LOGO

赢得大家喜爱的原因，主要是中国人对扇子有一种与生俱来的亲切感，京扇子唤起了大家儿时对扇子的美好回忆，承载着深厚的中国文化。

2. 产品研发

京扇子品牌从创始之初就一直致力于打造富有品牌特色的原创产品，在品牌产品定位、产品设计、工艺研发等方面不断进行深入探索和钻研。研发团队以"传统竹艺折扇""传统大漆扇品""北京特色扇品""时尚流行扇品""轻奢收藏扇"等为主要研发方向，巧妙运用竹、木、纸、绢、皮革、金属等多种材料，结合大漆、骨雕、染色、镶嵌、珐琅等工艺进行创意设计与试验制作，力求在京扇子品牌产品中实现传统文化与现代时尚的完美融合。为保障京扇子品牌产品的创新与质量，研发团队对于原材料选取、工艺研发均严格要求，积极与工艺大师以及非遗传承人学习和交流制扇技艺，开展跨领域设计合作，深入挖掘扇文化的艺术价值，进行多维度创新尝试，打造精湛的全过程制扇工艺，逐渐将品牌发展成为拥有自主设计、自主研发、自主生产能力的创新型企业。

3. 大众化传播

京扇子品牌始终将扇文化传承视为己任，通过多种渠道向大众传播中国扇文化知识，展现品牌的创新思维，从而增强品牌的市场吸引力。此外，为了进一步拉近与大众的距离，企业创立了京扇子私房课和手工体验区，举办扇文化和历史主题讲座，以及扇面绘画及折扇制作等教学活动，旨在让大家体验和感受中国扇文化的精髓与手工艺的魅力，在轻松有趣的氛围中传播中国扇文化。

启示

1. 品牌初创期采用快速试销售法导入

虽然京扇子品牌正式诞生于2012年，但早在2011年的初创阶段就先根据设计师理念，选择了几款扇子采用快速试销法获得成功。此方法投入不大，也不需要过多的产品线，是检验市场反馈的有效方法。

2. 品牌盈利模式创新

京扇子采用"原创设计 + 代工 + 文化体验"的策略。手工艺品牌的核心竞争力在于原创设计，京扇子深知这一点，因此组建了一支由专业人员构成的设计团队，配备专业扇面及印刷工艺师，其他辅助工艺则交由第三方完成，真正实现轻资产的代工模式。此外，京扇子旗舰店设立了手工体验区，既提升了顾客体验感，也成为品牌的另一盈利方式。

3. 品牌传播的动静相宜创新

静态橱窗展示借鉴了美国梅西百货公司的陈列手法，善于吸收和融合外来文化的精髓，这一点值得国内其他手工艺品牌学习。此外，京扇子还采用先进的科技手段，将所有扇子图案以动态的形式展示在墙面上，这种动态文化传播方式不仅新颖独特，还营造一种有趣的营销氛围。

总之，京扇子品牌的创新并非仅仅着眼于利益的追求，而是深刻体现了对人生价值的探索与追求。其创新之路为其他手工艺品牌的推广提供了一种新的思维。"路漫漫其修远兮，吾将上下而求索。"中国传统民族手工艺品牌必将百花绽放。

（八）浙江温州唐宅村纸山文化基地的故事

案例故事

非遗文旅融合价值践行者

中国造纸术已有近两千年的历史，在全国传统手工造纸众多遗迹中，位于浙江温州市瓯海区泽雅镇的古法造纸是目前全国范围内保留较完整的现存大面积生产的古法造纸遗迹。

古法造纸文化园一期选址于唐宅村,该村掩映在深山密林中,植被葱郁,溪流清澈，生态环境保护得良好，唐宅村至今仍保留着使用古法生产南屏纸的传统，使得这项传统工艺在此地得以完整传承。该村原有的大会堂改建成中国古法造纸技术展示馆，配合保留完整的古法造纸作坊群，使游客在了解泽雅古法造纸历史之余，还能亲身体验古人的造纸的传统技艺。同时，该村还修建了一系列农家乐、休闲茶庄、景观小品等配套设施，打造一个集古代造纸文化遗产保护、展示、体验和休闲旅游于一体的纸山文化基地。

以中国传统造纸技术传承与展示示范基地为依托打造的古法造纸文化园，规划面积约5.7公顷（57000平方米），总投资约2300万元，为"四区一带"功能格局，"四区"即文化体验区、游人服务区、纸乡风情区和山庄度假区，"一带"即滨水景观带。古法造纸文化园结合当地民俗风情，开发了一系列旅游项目,促进了当地农民增收。整个古法造纸文化园把泽雅镇的纸山景区资源整合起来,形成了一个全国性乃至世界性的中国传统造纸展示研究基地和历史文化旅游胜地。

启示

1. 非遗与旅游结合实现价值深入挖掘

文化是旅游发展的重要支撑,是旅游业发展的灵魂。唐宅村纸山文化基地的建设,让游客在了解古法造纸历史的同时,不仅能亲身领略古人的造纸技艺,还能深刻感受古老文化的韵味。造纸工坊在自然景色的映衬下,与旅游资源相得益彰,情景交融,实现了文化与旅游价值的最佳结合,促进了当地旅游业的可持续发展。非遗的传承和发展需要政府的支持,文化与旅游是相辅相成、互助互促的。旅游开发的本质是基于文化的发掘,旅游的体验又是文化的展示。湖北非遗及手工艺,须依托当地旅游资源,合理进行资源整合,让非遗及手工艺融入旅游业,实现价值的深度融合,推动非遗及旅游业可持续发展。

2. 非遗传承的桥梁——手工体验与文化生态旅游建设

手工文化生态建设的核心实践者是非遗传承人,而手工体验则是非遗传承人与消费者进行良好沟通的一种重要方式。无论是旅游目的地、创意市集、博物馆、匠人工作室,抑或乡村旅游创客基地,最终目的是实现非遗手工艺的活态传承,并获得消费者对该技艺的价值认同,满足其情感需求,使非遗及手工艺在文化生态旅游环境中得以传承与发展。因此,手工体验是文化生态建设中的一个重要环节。湖北在开发设计单个非遗或旅游项目时,应充分考虑各自特性,构建良性文化生态旅游体系,推动文化与旅游结合的价值传承与创新。

二、非遗与产业携手的四维思考

(一)非遗的品牌创新方法论——东方基因的传承与新生

1. 探寻中国文创品牌的方法论

"字在"是中国文创品牌,始于2003年,以六大活字种类——泥、锡、木、铅、铜、瓷为核心收藏产品元素,围绕这些核心活字收藏产品,结合市场需求,开发出涵盖文字艺术、文化茶饮、办公用品、家居用品、文房系列、婚庆系列及文化展览等多元化产品业态综合体。中国文创品牌的打造应立足于产品资源，在充分分析行业现状的前提下，明确品牌核心竞争力，并通过艺术化的形式将其演绎成各具特色的产品系列。品牌注重将静态的产品与动态的文化展览演绎相结合，为消费者提供全方位的文化体验。

文创产品开发应注意三大原则：实用性，即产品有足够实用价值；文化性，所有产品形态开发必须围绕着核心文化内涵；重复性，为吸引消费者重复购买，产品必须不断更新与优化。

2. 南谷文创——东方基因的传承与新生

南谷文创，一个深深植根于东方文化基因的设计家居品牌，致力于将传统文化与现代设计完美融合。它不仅仅是一个品牌，更是一种文化的传承与创新。南谷文创集民创文艺、茶具茶器、原创家具等多种元素于一体，将东方美学的独特魅力展现得淋漓尽致。

其核心优势在于创始人拥有大量珍贵的民俗影像资料，这些资料不仅记录了东方文化的精髓，还被有效地转化为产业化的开发资源。通过对这些资料的深入研究与创新应用，南谷文创成功地将传统文化元素融入现代家居设计，使其既有传统的韵味，又不失现代感。

目前，南谷文创在多个城市开设了十余家艺术生活体验馆。这些体验馆不仅是展示南谷文创产品的平台，更是传播东方文化的窗口。在这里，消费者可以亲身体验东方文化的独特魅力，感受传统与现代的完美结合。

南谷文创通过不断探索与创新，致力于将东方文化的基因传承下去，同时赋予其新的生命力。它不仅是一个品牌，更是一种文化的象征、一种对传统的尊重与创新的追求。南谷文创，让东方基因在现代生活中焕发新的光彩。

南谷品牌产业化发展启示：非遗与产业融合过程中应充分整合民俗传承人资源，形成传承人联盟，结合设计力量形成新的具有创新力的产品，再推向市场。

（二）非遗与文创产业的融合——重庆礼物的揖美品牌再造

1. 重庆鹅岭贰厂揖美的三大盈利模式

在中国，几乎每一座大城市都有属于自己的文创产业艺术区，北京有798

艺术区，上海有 M50 创意园，广州有红专厂，台北有华山创意文化园区。而在重庆，文创产业集聚地当属鹅岭贰厂。这片废弃的印刷厂区，在重庆市政府和设计师的携手改造下，变成了如今重庆极受年轻人欢迎的旅游景点，同时也吸引了许多重庆本土文创公司入驻，成为重庆文创公园的必去打卡点。

重庆礼物商店中的揖美品牌店位于鹅岭贰厂核心区域，是涵盖首饰、木雕、荣昌夏布等的集合手工艺品牌，该品牌店在节假日一天可接待 4000 多人，月销售额达到 20 万元。充分彰显了文创产品的生命力。揖美的三大盈利模式是店铺日常销售、活动策划及开设文创孵化学院。同时，揖美充分利用设计资源，将学生设计产品推向市场，结合精准扶贫项目，产生协同价值。这种将非遗及手工业引入旅游商品市场的模式可以为更多文创企业所借鉴。在实际销售中，首饰等小件物品成为店铺销售的主力，主要吸引年轻消费群体，同时有效传承和推广了重庆的非物质文化。湖北在打造文创公园时可以充分借鉴重庆鹅岭贰厂的模式，将本土非遗传统手工艺及技艺融入其中。

重庆礼物商店内景

2. 手工文创商业发展路径与模式

手工文创商业的发展正面临新的消费趋势和变革。对文创爱好者而言，好玩比好用更重要，文化赋能大于产品本身的功能，信息匹配的重要性也超过了信息质量，消费的需求也向更高层次发展，而缺乏用户规模的企业则可能随时面临生存危机。在此背景下，产品经理已不是传统意义上的产品制造经理，更多的是作为用户经理，从用户体验的角度来观察和分析消费者特征，以期不断改进产品。为了形成市场竞争优势，企业必须关注模式价值、内容价值及资本价值。模式价值体现在企业能提供什么样的产品，以及这些产品如何区别于竞争对手；内容价值则是消费者及所有人对企业的整体认知，这涉及品牌文化的植入，以及获得消费者的品牌认同感；资本价值，即企业资本市场估值，这是手工文创企业新的发展商业模式。资本的进入带来手工艺品牌的快速裂变与几何级增长，为传统手工文创企业注入了新的生命力。

（三）非遗的产品创新设计——非遗助力精准扶贫之"看见大山"项目

非遗助力精准扶贫是近几年非遗社会价值体现的重要举措。它汇聚了设计师、高校、企业及各社会力量，建立贫困帮扶团队，探索适合贫困地区的特色脱贫路径，与国家文化强国战略相契合。《中华手工》杂志社与苏州大学打造的"看见大山"项目就是一个典型的成功案例，为我们提供了一些启示。

该项目以国家级贫困县——安徽省六安市霍邱县为帮扶对象，连接周集镇、临水镇等多个乡镇，运用设计赋能当地非遗传承与绿色生态产品。苏州大学基础医学与生物科学学院实验室对当地农户进行培训，根据当地生态环境和自然生态链，实现生态龙虾养殖，其产出的龙虾不含激素，比市场上的清水龙虾更健康，为当地脱贫探索出一条新的路径。

由于当地丝瓜产量过剩且销售不畅，苏州大学光学研究所运用现代光学原理，以处理后的丝瓜为材料，创新设计了一系列有保护视力作用的台灯和落地灯产品。这些产品一经推出便迅速成为市场上的热销商品，不仅解决农产品滞销的难题，还带动了当地农民的经济增收。目前，已有大量订单，甚至包括对长达 1.6 米的特大号丝瓜的需求，这些大号丝瓜可用于制作独特的丝瓜艺术品。

（四）非遗+科技的产业变革——荣昌夏布：传统手工艺国际化挑战与机遇

1. 荣昌夏布的多元化发展之路

荣昌夏布，作为中国传统手工艺品的杰出代表，是以苎麻为原料，通过精湛的手工技艺编织而成的麻布，适合夏季穿着，因凉爽透气而备受青睐。2008年，夏布织造技艺被列入国家级非物质文化遗产代表性项目名录。占地面积仅50余亩（1亩约为666.67平方米）的荣昌夏布小镇，孕育了众多知名的荣昌企业品牌。这些品牌的产品线广泛，涵盖了夏布画、生活家居用品、服装、配饰等多个方面，不仅种类多样，而且极具实用性，充分满足了不同消费者的多样化需求。特别是荣昌夏布服装，由知名设计师精心设计，市场化程度较高，深受消费者喜爱。

荣昌夏布博物馆的展厅设计现代而时尚，洋溢着浓厚的艺术氛围，为人们提供了一个全面认识荣昌夏布的窗口。通过参观这座博物馆，人们不仅能深入了解夏布丰富的历史与文化底蕴，还能深刻体会到夏布产业未来的无限广阔前景。

遗憾的是，尽管荣昌夏布在国内市场实现了多元化的发展，但在国际市场上，其出口仍然主要停留在原材料阶段。诸如日本等国家大量采购中国的夏布原材料，随后运用科技手段进行精细加工与改良，这些经过深加工的成品又以高昂的价格重新进入中国市场。这种现象在中国传统手工艺行业中屡见不鲜。这种现状不仅制约了夏布在国际市场的拓展，也使得中国传统手工艺的价值未能得到充分体现。

2. 非遗与科技融合的国际化创新之路

在全球化与数字化的浪潮之下，荣昌夏布织造技艺这一独具魅力的传统手工艺既面临着前所未有的国际化挑战，也迎来了新的发展机遇。特别是非物质文化遗产与科技的深度融合，为这一传统手工艺领域带来了深刻的产业变革。数字技术的应用为荣昌夏布的产品设计开辟了更加广阔的创新空间。借助三维建模、虚拟现实等先进技术，设计师能够创造出更多元化的产品款式与图案风格。此外，通过根据消费者的个性化需求进行定制设计，市场需求的多样性得到了有效满足。这种数字化设计方法不仅显著提升了设计的效率与质量，还大大增强了产品的市场竞争力和附加价值。

在数字时代，营销模式正经历着前所未有的深刻变革。荣昌夏布等传统手工艺品牌可以充分利用互联网和社交媒体等线上平台，进行品牌宣传和产品推广。与此同时，可以结合线下体验店、展会等多样化的营销活动，构建出一个线上线下相互融合的营销策略体系。这种创新的营销方式不仅能够显著提升品牌的知名度和市场影响力，还能有效促进产品销售，扩大市场份额。此外，与高校、科研机构等建立合作，培养既精通传统手工艺又掌握现代科技知识的复合型人才，也是推动这一领域发展的重要途径。

综上所述，在非物质文化遗产与科技融合的发展进程中，荣昌夏布必须坚持文化传承与创新并重的原则。它需要在保持传统手工艺的独特魅力和文化内涵的同时，积极引入新技术和新理念，进行创新和升级。通过提升产品的科技含量与附加值，增强核心竞争力，荣昌夏布将能够抓住国际化带来的机遇，迎接挑战，在坚守传统的基础上实现跨越式发展，最终成为具有国际影响力的传统手工艺品牌。

参考文献

[1] 刘玉堂. 荆楚刺绣的传承创新[J]. 档案记忆,2024(7):19-22.

[2] 姚伟钧. 探索非遗的未来之路——评《荆楚刺绣的传承创新》[J]. 社会科学动态,2024(10):127-128.

[3] 吴必虎,王梦婷. 遗产活化、原址价值与呈现方式[J]. 旅游学刊,2018,33(9):3-5.

[4] 李江敏,王青,朱镇. 非物质文化遗产活态传承:体验价值体系、测量与检验[J]. 旅游学刊,2020,35(11):78-89.

[5] 郭翠潇. 从"非物质文化遗产"到"活态遗产"——联合国教科文组织术语选择事件史循证研究[J]. 西北民族研究,2023(6):105-117.

[6] 冯泽民. 荆楚汉绣[M]. 武汉:武汉出版社,2012.

[7] 冯泽民,赵静. 汉绣文化内涵及其传承发展[J]. 丝绸,2010(4):50-53.

[8] 喻颖,林毅红. 新时代武汉地区汉绣代表性工作坊传承研究——基于汉绣两个流派[J]. 长沙民政职业技术学院学报,2024,31(1):130-134.

[9] 杜冠霖. 传统民族刺绣产业助力乡村振兴——以四川羌绣为例[J]. 西部皮革,2024,46(8):14-16.

[10] 何忠杰. 中国杂技之花在非洲绽放——武汉杂技团致力非洲杂技创建发展纪实[J]. 杂技与魔术,2023(6):58-61.

[11] 何忠杰. 中法建交"第一团"轰动巴黎——武汉杂技团三次炫技法兰西之一[J]. 武汉文史资料,2024(6):45-49.

[12] 何忠杰. 非常时期搅热"冬日马戏场"——武汉杂技团三次炫技法兰西之二[J]. 武汉文史资料,2024(7):49-54.

[13] 魏林. 武汉杂技的意象表达之路——从新创大型光影幻景杂技剧《凤凰说》谈起[J]. 杂技与魔术,2024(4):33-37.

[14] 林岩. "两创"视域下北京雕漆创新设计的文化生态探究[J]. 中国非物质文

化遗产，2023（5）：84-93.

[15] 程丹. 楚风俗影响下的楚漆器艺术研究[D]. 太原：太原理工大学，2016.

[16] 宋晓华. 基于系统科学方法的黥县面塑品牌建构研究[J]. 系统科学学报，2022，30（2）：121-126.

[17] 宋新娟. 民间面塑艺术文化内涵之研究[J]. 沧桑，2002(5):53-54.

[18] 张明. 湖北汉川马口窑产生及发展的历史渊源[J]. 中国陶瓷,2023,59(3):74-80.

[19] 杨巍. 马口窑当代陶艺创作的启示[J]. 美术观察,2022(11):150-151.

[20] 胡兰凌. 面向未来的重生：马口窑陶艺的文化意义[J]. 湖北经济学院学报(人文社会科学版),2022,19(10):95-97.

[21] 黄敏敏, 王成武. 马口窑陶器装饰纹样分类与含义研究[J]. 美术教育研究,2020(22):23-25.

[22] 赵世学. 德艺双馨一生只为陶——荣昌陶传承人向新华的陶艺人生[J]. 陶瓷科学与艺术,2024,58(7):20-21.

[23] 刘芳. 非遗视域下草木染艺术的活态传承[J]. 天工,2022(7):27-29.

[24] 孙俪君. 潍坊文化遗产：非物质文化遗产卷[M]. 济南：济南出版社,2017.

[25] 陶妍洁. 让非遗在博物馆中"活"起来[J]. 文化月刊,2019(11):50.

后记

在撰写《见证与思考：湖北非遗项目市场化活态传承》这部专著的漫长旅程中，我仿佛被一股无形的力量牵引着，去探寻那些被时间尘封却又熠熠生辉的非物质文化遗产。这不仅是一次对湖北非遗代表性项目的发展探索，更是一场关于文化传承与创新、市场融合与活态保护的深刻思考。

回望历史，非遗之光在岁月中闪耀

湖北，一个拥有数千年文明史的地方，每一寸土地都浸透着文化的芬芳。在这里，非遗不仅是技艺的展示，更是民族精神的体现。从古老的汉绣到激昂的武汉杂技，从楚式漆器的天道人文到武汉面塑的斑斓多彩，每一项非遗项目都承载着湖北人民的智慧与情感，是这片土地上最宝贵的文化财富。

市场化探索，非遗活态传承的实践与创新

面对全球化的浪潮，非遗的传承与发展面临着前所未有的挑战。选择武汉面塑、汉绣、武汉杂技、楚式漆器、马口窑陶器作为本书研究对象，源于我多年来在非遗工作中的实践积累，这只是抛砖引玉，未来，我将继续开展对包括这些非遗项目在内的更多非物质文化遗产如何与现代生活融合的研究，秉持创新与传承并重的理念，探索传统技艺的创新转化与市场活态传承之路。

学术与实践的交融，一次珍贵的培训经历

值得一提的是，2019年6月，我有幸作为湖北地区唯一一名非遗从业者，参加由国家艺术基金资助、四川美术学院主办、《中华手工》杂志社协办的"西部传统手工艺创新品牌经营管理人才培养"项目。这是一次极为珍贵的学习机会，让我得以跳出日常繁忙的工作，从更广阔的视角审视非遗的传承与发展。

此次培训历时近两个月，包含一个月的四川美术学院封闭教学研讨培训和

一个月的全国非遗手工特色基地考察。尽管因工作原因,我未能全程参与后期的考察,但这段经历为我提供了丰富的知识和灵感。培训期间,来自全国各地的非遗大师及手工艺人们相互学习、交流,考察足迹遍及上海、杭州、苏州等地,参观了多家文创企业、文创产业园、以传承人为核心的非遗工作室,以及以手工技艺为基础的工厂化运营机构等,这段经历让我深刻感受到了非遗文化在不同地域、不同行业中的多样性和生命力。

反思与展望,非遗传承的未来之路

通过此次培训,我更加清晰地认识到,非遗的传承与发展需要不断创新和突破。无论是产品创新、品牌打造还是市场运营,都需要我们紧跟时代的步伐,不断学习新的知识和技能。同时,我也深刻感受到了湖北非遗项目在市场化活态传承方面的巨大潜力和广阔前景。未来,我期待更多的学者、艺术家、企业家等能够加入非遗保护的行列,共同构建非遗传承的生态体系。同时,加强国际交流与合作,让湖北乃至中国的非遗走向世界,成为连接不同文化和文明的桥梁,向世界展示湖北非遗的魅力。

结语:分享与学习,期待更多的反馈

《见证与思考:湖北非遗项目市场化活态传承》不仅是我对过去从事非遗市场化工作研究与探索的总结,更是对未来非遗保护与传承的一份期许。虽然因个人水平有限,书中难免存在不足之处,但我仍希望通过这本书,与读者分享我在非遗传承道路上的所见所闻、所思所感。同时,我也真诚地期待读者的反馈和批评,以使我在未来的研究中不断改进和提升。让我们携手共进,共同推动非遗在新时代的传承与发展。

个人邮箱:546459366@qq.com,欢迎各界朋友批评指正!

陈静